普通高等学校"十四五"规划公共必修课程数字化精品教材

大学生创新创业指导

主　编 ◎ 王坚雄
副主编 ◎ 韩　磊　吴婉仪　崔二娟

DA XUE SHENG CHUANG XIN
CHUANG YE ZHI DAO

华中科技大学出版社
http://press.hust.edu.cn
中国·武汉

内 容 简 介

本书是一本全面且专业的创新创业教育用书。编者在编写过程中,以转变教育思想、更新教育观念为基础,以提升学生的创新精神、创业意识和创业能力为核心,以通俗的语言、丰富的实例、有效的训练,系统地介绍了创新创业的基本思维方式、相关技能方法等。本书内容全面,具有较强的知识性、技能性和实用性,符合中华人民共和国教育部和高等院校转型发展的人才培养需要。本书共分为创新和创业两大部分,内容包括创新与创新意识,创新思维与创新方法,创业机会与创业风险,创业团队组建与创业融资,创业资源、商业模式及创业模式,创业计划书的编写等内容,每章都安排了相应的训练、思考和练习内容,可以帮助读者通过实际训练与练习,全面掌握各章的内容。

本书课程开发团队由广州东华职业学院王坚雄老师负责,成员包括广州东华职业学院韩磊、吴婉仪、崔二娟。

图书在版编目(CIP)数据

大学生创新创业指导/王坚雄主编. —武汉:华中科技大学出版社,2024.1
ISBN 978-7-5772-0440-6

Ⅰ. ①大… Ⅱ. ①王… Ⅲ. ①大学生-创业 Ⅳ. ①G647.38

中国国家版本馆CIP数据核字(2024)第025711号

大学生创新创业指导 王坚雄 主编
Daxuesheng Chuangxin Chuangye Zhidao

策划编辑:李承诚
责任编辑:陈 玫　肖唐华
封面设计:廖亚萍
责任校对:张汇娟
责任监印:周治超

出版发行:华中科技大学出版社(中国·武汉)　　电话:(027)81321913
　　　　　武汉市东湖新技术开发区华工科技园　　邮编:430223
录　　排:孙雅丽
印　　刷:武汉科源印刷设计有限公司
开　　本:787mm×1092mm　1/16
印　　张:12.25
字　　数:242千字
版　　次:2024年1月第1版第1次印刷
定　　价:49.80元

本书若有印装质量问题,请向出版社营销中心调换
全国免费服务热线:400-6679-118　竭诚为您服务
版权所有　侵权必究

序　言
大变革时代呼唤着创新创业

当今时代是一个大变革的时代，大变革时代向青年人发出了强烈的创新创业召唤。

在国家经济发展层面，"创新、协调、绿色、开放、共享"五大发展理念引领中国深刻变革，其中创新为首。从全局的角度看，五大发展理念齐头并进，才能给中国创造更好的内部和外部环境，让发展进入一个不断上升的良性循环。五大发展理念，正是对我们在推动经济发展中获得的感性认识的升华，既回答了"中国为什么能？"的问题，又昭示着"实践—理论—实践"的过程。从发展移动互联网等新技术，到打造区域协调发展增长极，从建立健全用能权、排污权等初始分配制度，到推进"一带一路"建设，"十三五"规划建议中这些新部署、新举措，源于理念的推动，更是理念的落实。五大发展理念引领的，必将是中国发展方式的深刻变革。

在技术创新层面，大智移云引领着风起云涌的行业变革。这里所说的大智移云是指大数据、智能技术、移动互联网、云计算，这些技术引发了社会经济、管理、生活等层面的深刻变革，并且我国仍处在不断深化发展的初期。

在动员全社会参与层面，国家提出了"大众创业、万众创新"，发出了最直接的号召，以此来推动经济又好又快发展，推动发展调速不减势、量增质更优，实现中国经济提质增效升级。一方面，只有大众创业，才能增加更多的市场主体，才能增加市场的动力、活力和竞争力，从而成为经济发展的内在原动力引擎；另一方面，只有万众创新，才能创造出更多的新技术、新产品和新市场,也就才能提高经济发展的质量和效益。

由此,一幅大变革的时代画卷已经跃然纸上。在这样一个时代背景下,创新创业大有作为,广大青年大有可为。

创新需要面对巨大的不确定性,把控各种风险,能够从中获得成功实属不易,而进一步开办企业投身创业,更是十分艰巨的挑战。勇于面对这些风险和挑战的青年人才是推动社会发展的主力军。对他们在创新创业过程中提供指引、扶持是全社会应肩负的责任。

编 者

2023 年 9 月 10 日

综合配套数字资源

目录 Contents

项目一　创新与创新意识　　1

任务一　创新的概念、过程、原则和类型　　4
一、创新的概念　　4
二、创新的过程　　5
三、创新的原则　　9
四、创新的类型　　16

任务二　创新意识　　20
一、创新意识的概念　　20
二、创新意识的特征　　20
三、创新意识的作用　　21
四、大学生创新意识的培养　　22

项目二　创新思维与创新方法　　28

任务一　创新思维的概念及形式　　31
一、创新思维的概念　　31
二、创新思维的形式　　31

任务二　创新方法　　39
一、组合法　　39
二、头脑风暴法　　42
三、奥斯本检核表法　　47
四、六项思考帽法　　50
五、综摄法　　53
六、5W2H分析法　　59

项目三　创业机会与创业风险　63

任务一　创业机会　65
一、创业机会的概念与特征　65
二、创业机会的分类　66
三、创业机会的来源　67
四、创业机会的识别　70
五、创业机会的评估　73

任务二　创业风险　73
一、创业风险的概念　73
二、创业风险的分类　73
三、创业风险的防范　77
四、创业者风险承担能力的估计　79

项目四　创业团队组建与创业融资　84

任务一　创业团队组建　85
一、创业团队的概念及组成要素　85
二、创业团队的分类　87
三、组建优秀创业团队的要点　89
四、创业团队的管理　92
五、创业团队的领导者　96

任务二　创业融资　98
一、创业融资的概念　99
二、创业融资的过程　99
三、创业融资的渠道　100
四、创业融资的选择策略　107

项目五　创业资源、商业模式及创业模式　114

任务一　整合创业资源　116
一、创业资源的概念　116
二、创业资源的类型　117
三、创业资源的获取　119

四、创业资源的整合　　122

任务二　构建商业模式　　124
　　一、商业模式的概念　　124
　　二、常见的商业模式　　125
　　三、商业模式的选择　　127

任务三　选择创业模式　　128
　　一、创业模式的概念　　128
　　二、常见的创业模式　　128

项目六　制作创业计划书　　139

任务一　创业计划书的概念与作用　　146
　　一、计划　　146
　　二、创业计划书的概念　　146
　　三、创业计划书的作用　　146

任务二　创业计划书的内容　　148
　　一、封面　　148
　　二、目录　　148
　　三、正文　　149
　　四、附录　　150

任务三　大学生创业计划书的撰写　　151
　　一、编写创业计划书的准备工作　　151
　　二、编写创业计划书的原则　　152
　　三、创业计划书具体内容的编写　　154
　　四、创业计划书的检查　　162

任务四　创业计划书的模拟训练　　163
　　一、项目概述　　163
　　二、公司概况　　165
　　三、产品与研发　　166
　　四、市场营销　　168
　　五、风险分析　　170
　　六、商业模式　　171
　　七、财务分析　　171

任务五　商标设计模拟训练　　　　　　　　　　　173
　　一、商标的概念及作用　　　　　　　　　　　173
　　二、商标设计的原则　　　　　　　　　　　　174
　　三、商标设计的制作模拟　　　　　　　　　　174
　　四、创业海报的模拟训练　　　　　　　　　　177

参考文献　　　　　　　　　　　　　　　　　　184

项目一
创新与创新意识

内容提要

我们最缺乏的不是资源，而是创新意识、创新精神、创新能力和鼓励创新、保护创新的社会环境！创新是以新思维、新发明和新描述为特征的一种概念化过程。基本包括三层含义：第一是持续更新；第二是创造新的物品；第三是不断改变。创新是人类特有的认识能力和实践能力，是人类主观能动性更高层次的表现，是推动民族进步和社会发展的不竭动力。本章将主要介绍创新与创新意识的基本知识。

学习目标

知识目标

- 理解创新、创新意识的概念
- 熟悉创新的基本过程、原则和类型
- 掌握大学生创新意识培养的方法

能力目标

- 能结合创新的概念、过程、原则和类型等进行创新思考
- 能结合本章所学启发创造性思维
- 能完成至少10种以上的创新设想

素质目标

- 培养创新意识和创新精神

引导案例

你注意过，但你却错过了：你身边的那些创新

"颠覆性创新"理论是由哈佛大学商学院的商业管理教授、创新大师——克莱顿·克里斯坦森（Clayton Christensen）在其在哈佛所做的研究工作中总结提出的理论。

创新是指能够开辟一片新的市场，或者能给现有产品提供一个更简单、低价或更方便的替代品——也就是低端颠覆性（low-end disruption）。

1. iPhone 颠覆手机

2007年乔布斯的第一代 iPhone 重新定义了手机，而2010年 iPhone 4 的问世，颠覆的却是整个智能手机行业，迄今为止智能手机的发展都没有逃离出 iPhone 4 的基本设计框架。

iPhone 4 首次在手机里接入上网功能，加入互联网，随即打开了移动互联网的全球浪潮，加上 iPhone 4 超高的质量和过硬的技术，它成了很多人心中无法逾越的经典。

2. 淘宝颠覆零售业

2003年，阿里巴巴成立了淘宝网，开展 B2C 业务。2004年，为了解决淘宝交易中买卖双方的信任问题，阿里巴巴又创设了支付宝。从商品信息获取到安全支付，一套完整的电商服务体系开始形成，从此网购逐渐成为购物的主要方式之一。

淘宝颠覆零售业已是不争的事实。在大量商场、店铺关闭的时候，淘宝却能创造一天销售2000多亿元的商业奇迹。如今淘宝交易平台早已超越零售巨头沃尔玛。

3. 特斯拉颠覆汽车行业

在人们长期印象中，充电汽车总是与"速度""续航"等这样的词汇绝缘，却与"动力不足"这样的词汇相关。特斯拉的横空出世改变了这一切。纯电运行，"0"油耗、"0"排放，接近于"0"的用车成本……这与现有的传统汽油车完全两样。而其与宝马7系、奔驰S-Class同级的定位，以及赶超传统汽油豪车的高性能，完全颠覆了人们对纯电动车续航能力低、操控性能不佳、定位偏低端等认知观念。特斯拉的出现，冲击了传统汽车行业，也为整个汽车市场消费者提供了更多的选择，势必会影响整个汽车生态系统。

4. 滴滴颠覆出租车

以滴滴为首的打车应用软件撕开了一个缺口，让投资者看到了把人和服务连接起来的巨大投资空间。App跟手机绑定，而手机目前基本跟人绑定，再跟位置结合，这样就绕开了租车公司、电话叫车等相对低效的机构，按就近和方便原则让消费者和服务者自由、高效组合。与此相对应的是出租车行业的骤变——传统的路边扬招的打车模式正逐渐淡去，而以移动互联网为基础的新型打车方式悄然兴起并成为市场主流。

5. 360颠覆安全软件

360可谓是"低端颠覆"模式中最为成功的代表之一。360是免费安全软件的首倡者，认为互联网安全像搜索、电子邮箱、即时通信一样，是互联网的基础服务，应该是免费的。基于此，360安全卫士、360杀毒等一系列安全软件产品免费提供给中国数亿互联网用户使用。因此，360的用户急速增长，早在2012年360 PC端的月活跃用户达到4.45亿人，360手机安全产品和服务的智能手机用户总数达到约1.2亿户，俨然成为行业霸主。

6. 微信消灭短信

2010年前后，受到一款免费发短信的手机应用Kik Messenger的启发，时任腾讯广州研发部总经理的张小龙向马化腾发了一封电子邮件，其中写道，腾讯也应该推出自己的类似产品。虽然意识到可能会威胁自己的王牌产品——QQ，但马化腾考虑后还是予以支持。

微信是屏蔽了垃圾短信的熟人社交，又是免费的，这对于运营商的短信业务而言，是一个巨大的颠覆。站在2019年这个时间点上看，手机短信早已是骗子们的"失乐园"，"失乐园"里只有他们自己。短信的糟糕之处在于，它的形态天然允许垃圾短信的存在，而微信这种需要验证的熟人社交形式有效屏蔽了垃圾短信。所以说，张小龙彻底消灭了运营商的短信业务——运营商业务收入的一个重要来源。

7. 微博取代博客

当初火热的博客，在微博流行之后，却逐渐销声匿迹，淡出了网络视野。"碎片化阅读"是在网络时代到来之后，最常被用来表述现代人阅读习惯的词语。而微博的短文字、多图多表情、视频穿插等元素，正好契合了"碎片化阅读"这一被广泛认可的阅读习惯。

微博分享的是简短的语言叙述，可以是三言两语，现场记录，发发感慨，晒晒心情，简单易操作，对知识文化水平、时间、精力没有过高的要求。正是因为这一最大的特点，相比博客中的长篇大论，微博恰好吸引了更多用户。

任务一　创新的概念、过程、原则和类型

一、创新的概念

熊彼特（图1-1）认为，所谓创新就是要"建立一种新的生产函数"，就是要把一种从来没有的关于生产要素和生产条件的"新组合"引进生产体系中，以实现对生产要素或生产条件的"新组合"。

图1-1　熊彼特

它包括下述五种情况：

（1）引入一种新的产品或发掘产品的新特征。也就是消费者还不熟悉的产品或产品的一种新的特性。

（2）采用一种新的生产方法。也就是在有关的制造部门中尚未通过经验验证的方法，这种新的方法绝不需要建立在科学新的发现的基础之上，也可以存在于商业上处理一种产品的新的方式之中。

（3）开辟一个新的市场。也就是有关国家的某一制造部门以前不曾进入的市场，不管这个市场以前是否存在过。

（4）获得一种原材料或者半成品的新的供应来源。掠取或控制原材料或半制成品的一种新的供应来源，不论这种来源是已经存在的，还是第一次创造出来的。

（5）实行一种新的组织管理方法。实现任何一种工业的新的组织，比如形成一种新的垄断地位（例如通过"托拉斯化"），或打破一种垄断地位。

熊彼特的创新理论主要有以下几个基本观点。

第一，创新是生产过程中内生的。他指出："我们所指的'发展'只是经济生活中并非从外部强加于它的，而是从内部自行发生的变化。"

第二，创新是一种"革命性"变化。这充分强调创新的突发性和间断性的特

点，主张对经济发展进行"动态"性分析研究。

第三，创新同时意味着毁灭。在竞争性的经济生活中，新组合意味着对旧组织通过竞争而加以消灭，尽管消灭的方式不同。如在完全竞争状态下的创新和毁灭往往发生在两个不同的经济实体之间；而随着经济的发展、经济实体的扩大，创新更多地转化为一种经济实体内部的自我更新。

第四，创新必须能够创造出新的价值。熊彼特认为，先有发明，后有创新；发明是新工具或新方法的发现，而创新是新工具或新方法的应用。

第五，创新是经济发展的本质规律。熊彼特认为："我们所说的发展，可以定义为执行新的组合。"这就是说，发展是经济循环流转过程的中断，也就是实现了创新，创新是发展的本质规律。

第六，创新的主体是"企业家"。熊彼特把"新组合"的实现称为"企业"，那么以实现这种"新组合"为职业的人们便是"企业家"。

二、创新的过程

创新过程具有操作性、现实性和反复性的特点。同时，创新过程不但是一个思维过程，而且也是一个实践过程，仅有思维的过程只能是创意，实践过程是检验过程，完整的创新过程是思维和实践过程相互交叉与统一的过程。

创新过程的划分一般有两个出发点：

（1）从心理学角度出发。

（2）从社会的时间和空间的实践角度出发。

拓展阅读 创新源于思索、不迷信权威和坚持

有天资的人，当他们工作得最少的时候，实际上是他们工作得最多的时候，因为他们在构思，并把想法酝酿成熟，这些想法随后就通过他们的手表达出来。

——达·芬奇

很多人把创意归结于偶然。其实创意的由来并非大家所以为的"灵光一现"，积累是非常重要的过程。做楼宇液晶电视前，我在广告产业摸索了10多年，积累了丰富的经验和知识，深知整个产业的运作过程，知道市场最需要什么，受众最喜欢什么，广告主最在意什么，正是这10多年的积累才会有2年前的"灵光一现"。"一夜暴富"这样的称号我实在不喜欢，"天道酬勤"这四个字比较贴切。

——江南春

（一）心理学角度的创新过程

创新的"四阶段"理论是一种影响最大、传播最广，且具有较大实用性的过程理论，由英国心理学家沃勒斯提出。该过程理论认为创新的发展过程分四个阶段：准备期、酝酿期、明朗期和验证期。

1. 准备期——准备阶段

爱因斯坦曾说："提出一个问题往往比解决一个问题更重要。"创意活动的准备阶段就是提出有价值的问题，创新思维围绕这些问题展开，并确立思维方向的过程。

创新思维的准备阶段是一个外部信息输入环节，包括确认问题和收集材料。准备阶段作为创造性思维活动的第一阶段，主要是一个针对相应的问题来收集和整理资料，储备必要的知识和经验，准备必要的技术、设备及其他有关条件的阶段。

准备期可分为如下三步：

（1）对知识和经验进行积累和整理。

（2）搜集必要的事实和资料。

（3）了解所提问题的社会价值，能满足社会的何种需要及价值前景。

2. 酝酿期——沉思阶段

准备阶段之后是灵感出现的孕育期，对针对前一阶段发现并界定的问题已经收集的资料、信息进行加工和处理，不断地从正反两方面进行各种假设、构想，让各种知识、信息反复组合、交叉、撞击、糅合和渗透，创造性地加工，再不断地否定、选择，不断地提出各种新的假设、构想，从而推断出问题的关键所在，并做出解决问题的假想方案。

在问题被明确以后，就需要找出问题的关键点，以便考虑解决这一问题的各种策略。酝酿阶段要收集整理知识信息、弥补知识缺陷；要消化原始材料、构思假说和寻找解决方案。可能有些问题一时难以找到答案，通常会被暂时搁置，但是这些问题仍然会一直萦绕在脑海中，成为一种潜意识。我们所非常熟悉的"牛顿煮手表""安培不认识自己的家门""黑格尔一次思考问题竟在同一地方站了一天一夜"等故事，都充分说明了处于这一思维阶段中的人常常被认为是某种程度上的痴迷者。

拓展阅读

王羲之吃墨专注修炼书法

王羲之（图1-2）从小就特别喜欢书法，每天都会书写很多字，因为坚持练习，所以他的书法进步很快。他用完了许许多多的墨水，写烂了许许多多的笔头，每天练习完就在池塘里洗笔，天长日久竟然将一池水都洗成了墨水。有一次，他在书房中聚精会神地写字，竟然忘记了吃饭。母亲只好让书童给他把饭送过去，其中有馒头，还有王羲之最爱吃的蒜泥。当母亲来书房看王羲之的时候，一进书房便笑得前仰后合。原来王羲之边吃饭边看字帖，竟将墨汁当成蒜泥蘸着吃了，弄得满嘴乌黑。直到听到母亲大笑声，他才恍然大悟，自己竟把墨汁当成了蒜泥！王羲之正是因为学书法专注、刻苦、认真，后来才成了我国历史上杰出的书法家之一。

图1-2 王羲之

3. 明朗期——顿悟阶段

明朗阶段，也即顿悟阶段。经过前两个阶段的准备和酝酿，思维已达到一个相当成熟的阶段，在解决问题的过程中，常常会进入一种豁然开朗的状态，这就是灵感闪现状态。

进入这一阶段，问题的解决一下子变得豁然开朗。创新主体突然间被特定情景下的某一特定启发唤醒，创新意识猛然被发现，以前的困扰顿时一一化解，问题顺利解决。这一阶段是创新思维的重要阶段，被称为"直觉的跃进""思想上的光芒"。

拓展阅读　牛顿与苹果的故事

长期以来，牛顿认为，一定有一种神秘、无形的力存在，是这种无形的力拉着太阳系中的行星围绕太阳旋转。但是，这到底是怎样的一种力呢？

直到有一天，当牛顿在花园的苹果树下思索时，一个苹果落到他的脚边，牛顿才终于获得了顿悟，他的问题也被解决了。

4. 验证期——表现阶段

验证就是从理论上验证，从行为上去修正。对假设的新观点、新设想完全不做修改的情况是不多见的，也就是把前面所提出的假设、方案，通过理论推导或者实际操作来检验它们的正确性、合理性和可靠、可行性，从而付诸实践。通过检验，很可能会把原来的假设方案全部否定，也有可能部分地修改或补充。创造性思维常常不可能一次就获得完满的成功。

拓展阅读 哈利：买我的马戏票免费赠送一包花生

美国宣传奇才哈利十五六岁的时候在一家马戏团做童工，负责在马戏场内叫卖小食品。但是每次看戏的人不多，买东西吃的人则更少，尤其是饮料，很少有人问津。

有一天，哈利突发奇想：向每一位买票的观众赠送一包花生，借以吸引观众。但是老板坚决不同意他这个荒唐的想法。哈利用自己微薄的工资做担保，请求老板让他一试，并承诺：如果赔钱就从他的工资里面扣；如果盈利了，自己只拿一半。老板这才勉强同意。

于是，以后每次马戏团的演出场地外就多了一个义务宣传员："来看马戏喽！买一张票赠送好吃的花生一包！"在哈利不停的叫喊声中，观众比往常多了几倍。

观众进场后，哈利就开始叫卖起饮料来，绝大多数观众在吃完花生之后觉得口渴都会买上一瓶饮料。这样一场马戏表演下来，哈利的营业额比平常增加了十几倍。其实，哈利在炒花生的时候加了少量的盐，这样花生更好吃了，而观众越吃越口渴，饮料的生意自然就越来越好了。

(二) 时间和空间实践角度的创新过程

1. 明确问题

第一，提出问题；

第二，寻找资料；

第三，弄清问题。

2. 确定方案

第一，分析两种因素，即帮助性因素和阻碍性因素；

第二，潜在问题分析；

第三，制订实施清单；

第四，确定方案标准。

3. 实施方案

第一，物质上的准备；

第二，心理上的准备。

4. 回顾总结阶段

第一，验证结果；

第二，推导出结论。

三、创新的原则

从小鸟飞翔联想到人的飞行，将蜻蜓消除震颤原理运用到直升机，从白炽灯演变到LED灯，创新一直跟随着人类历史发展的脚步。

无论哪种创新方法，都不是某个天才凭空想象出来的，也不是有意杜撰出来的，而是根据创新的一般规律总结出来的一些原理和方法。

创新不需要天才，但需要训练；不需要灵光乍现，但需要遵守"纪律"，也就是创新的原则。

（一）理性和感性相结合的原则

创新必须遵循理性的科学技术原理，不得违背科学发展规律，更需要走出去多看、多想。成功的创新者左右大脑并用，他们既遵循科学的规律，又观察人的行为。他们先分析要满足某个机遇所必需的创新，然后，他们走进人群，观察顾客和用户，了解他们的期望、价值观和需求。这样，他们就可以了解创新的接受度和价值，以及某项创新方案是否符合人们的期望或习惯。

为了使创新活动取得成功，在进行科学的创新构思时，应关注以下几点。

1. 检查兼容性

创新设想在转化为成果之前，应该先检查其科学性。假如关于某一创新问题的初步设想，与人们已经发现并获实践证明的科学原理不相容，则不会取得最后的创新成果。因此，与科学原理是否相容是检查创新设想有无生命力的根本条件。

2. 检查可行性

任何事物都不能离开现有条件的制约。在设想变为成果之前，还必须进行技术方法可行性检查。如果设想所需要的条件超过现有技术方法可行性范围，则目前该设想还只能是一种空想。

3. 检查合理性

任何创新的设想，在功能上都有所创新或有所增强。但一项设想的功能体系是否合理，关系到该设想是否具有推广应用的价值。因此，必须对其合理性进行检查。

拓展阅读 失败的"永动机"

近百年来，许多才思敏捷的人耗费心思，力图发明一种既不消耗任何能量、又可源源不断对外做功的"永动机"。但无论他们的构思如何巧妙，结果都逃不出失败的命运。其原因在于他们的创新违背了"能量守恒"的科学原理。

（二）市场评价原则

创新设想要获得最后的成果，必须经过市场的严峻考验。爱迪生曾说："我不打算发明任何卖不出去的东西，因为不能卖出去的东西都没有达到成功的顶点。能销售出去就证明了它的实用性，而实用性就是成功。"

创新设想经受市场考验、实现商品化和市场化要按市场评价的原则来分析。其评价通常是从市场寿命观、市场定位观、市场特色观、市场容量观、市场价值观和市场风险观等七个方面入手，考察创新对象的商品化和市场化的发展前景，而最基本的要点则是考察该创新对象的使用价值是否大于它的销售价格，也就是要看它的性能是否优良、价格是否合适。

但在现实中，要估计一种新产品的生产成本和销售价格不难，但要估计一种新发明的使用价值和潜在意义则很难。这需要在市场评价时把握评价事物使用性能最基本的几个方面，然后在此基础上得出结论。

（1）解决问题的迫切程度。
（2）功能结构的优化程度。
（3）使用操作的可靠程度。
（4）维修保养的方便程度。
（5）美化生活的美学程度。

哈佛大学的特蒙罗教授提出"技术浪费"这个词，指的就是那些没有市场或者无法转化成实际价值的技术。摩托罗拉公司无视客户需求，盲目投资50亿美金开展"铱星计划"，最终导致失败。华为公司基于端到端的研发流程，以客户的需求为基础，从了解市场开始，到产品的研发，再到产品生命周期管理，每一步都直接面对客户，使得整个研发建立在市场需求——显性的客户需求与隐性的客户需求之上，失误率降低了很多。日本索尼公司创始人盛田昭夫说："我们深信，利用科技创造新产品让人们享用才是最重要的。"

拓展阅读　用市场来评价产品的创新

1. 开发具有新功能的产品

例如，三九集团开发出999健康煲，用于家庭煎药，有文火、武火、文武火三档选择，有药液循环系统、回流系统、蒸汽回流系统、时限报警、水位报警等功能，保证药效稳定，操作安全方便，大受市场欢迎。

2. 产品结构方面的改进

例如，使产品轻、巧、小、薄，携带和使用方便，节省材料、降低能耗。电子记事本、摄像机、手提电脑、超薄洗衣机等就是典型例子。

3. 外观方面的改进

例如，服装款式及色彩的改变都可以使顾客需求得到新的满足，从而增加销售收入。苹果电脑一度依靠推出彩壳流线型PC机，得以显著提高市场占有率。

（三）相对较优原则

创新不可盲目追求最优、最佳、最美、最先进，而是要将自己的创新成果同他人的同类创新成果进行比较，按相对较优的原则进行选择。人们需要按相对较优的原则，对设想进行判断选择，具体包括如下几个方面。

（1）从创新技术先进性上进行比较选择。

可从创新设想或成果的技术先进性上进行各自之间的分析比较，尤其是应将创新设想同解决同样问题的已有技术手段进行比较，看谁领先或超前。

（2）从创新经济合理性上进行比较选择。

经济的合理性也是评价判断一项创新成果的重要因素。应对各种设想的经济情况进行比较，看谁更合理或更节省。

（3）从创新整体效果性上进行比较选择。

技术和经济应该相互支持、相互促进，它们的协调统一构成了事物的整体效果。任何创新的设想和成果，其使用价值和创新水平主要是通过它的整体效果体现出来。因此，要对它们的整体效果进行比较，看谁更全面或更优秀。

拓展阅读　华为——领先半步是先进，领先三步成"先烈"

超前太多的技术，当然也是人类的瑰宝，但必须以牺牲自己来完成。IT泡沫破灭的浪潮使世界损失了20万亿美元的财富。从统计分析可以得出，几乎100%的失败的公司并不是因技术不先进而"死"掉的，而是因技术先进到别人还没有对它完全认识与认可，以致没有人来买，产品卖不出去却消耗了大量的人力、物力、财力，从而丧失了竞争力。许多领导世界潮流的技术，虽然是万米赛跑的领跑者，却不一定是赢家，反而为"清洗盐碱地"和推广新技术而付出大量的成本。但是企业没有先进技术也不行。

华为创始人任正非（图1-3）的观点是，在产品技术创新上，

图1-3　任正非

华为要保持技术领先，但只能是领先竞争对手半步，领先三步就会成为"先烈"，明确将技术导向战略转为客户需求导向战略。通过对客户需求的分析，提出解决方案，以这些解决方案引导开发出低成本、高增值的产品。盲目地在技术上引领创新世界新潮流，是会成为"先烈"的。

（四）机理简单原则

创新成果要遵循简单原则，避免出现结构复杂、功能冗余、使用烦琐等问题。现代人类出现肠胃的过度负载、耳眼的过度负载、大脑的过度负载等现象，创新应当减少而不是增加人类的各种负载。马云说："我觉得技术，就应该是傻瓜式服务。技术应该为人服务，人不能为技术服务。……我要求阿里巴巴技术非常简单，使用时不需要看说明书，一点就能找到想要的东西，这个就是好东西。"

拓展阅读　"保姆式"服务惠果农

2017年10月13日，山西省运城市临猗县耽子村的果农张丽蓉指着自家墙上贴着的各类果树管理技术彩色挂图告诉记者："每年苹果树、杏树的管理全靠这些图哩！它们可是我家的大功臣！"张丽蓉说的那些挂图就是运城市中农乐农业科技有限公司绘制的，这些通俗易懂的挂图是公司打通农业科技服务"最后一公里"的具体举措，这个举措最得果农的心。

中农乐农业科技有限公司凭着"傻瓜式"技术创新和"保姆式"为农民服务，赢得了农民的信赖。当前，线下登记在册果农会员达16万户；每年开展五六千场次的技术培训，受惠果农数十万人次。

公司董事长带头和农业专家团队的讲师们尝试先把艰涩难懂的学术著作吃透弄懂，重新生成具有实践指导作用的"小学生技术"，"翻译"成农民能读懂、用得上的"大白话"实用技术，并利用自己的绘画特长，将苹果、桃、梨、杏、葡萄、樱桃等北方各类果树和各种烦琐的管理技术用简笔画绘制成彩色挂图，把专家在果园里的具体操作过程刻录成光盘，免费送给果农，深受果农欢迎。

公司除了为农户传递"傻瓜式"技术外，还把乡土能人组织起来，把示范园打造起来，让讲师、技术骨干、示范园主等"二传手"通过培训提升技术能力，把先进的技术送到田间地头，看着它开花结果。充分发挥乡镇技术站和村级技术员的作用，数百个技术站长和数千个村级会长（技术员）人人都是专家，是技术服务一线"听得见炮声"的"指战员"。

正是需要这种创新的"傻瓜式"技术和"保姆式"服务，国内各大果区果农前来参观学习。通过培训和帮扶，让果农的果品质量大幅度提升，诸多示范户均取得良好效益，平均亩产效益在1.5万～3万元，很多果农因此成为中农乐农业科技有限公司的"铁杆粉丝"。

资料来源：《山西日报》（有改动）2017年10月26日

（五）出奇制胜原则

我国古代军事家孙武在其名著《孙子兵法·兵势篇》中指出："凡战者，以正合，以奇胜。故善出奇者，无穷如天地，不竭如江海。"所谓"出奇"，就是思维超常和构思独特。创新贵在独特，也需要独特。

在创新活动中，关于创新对象的构思是否独特，可以从以下几个方面来考查。

（1）独特性。表现在观点新颖，别出心裁，能打破常规，不受习惯思维及习惯势力所约束。

（2）灵活性。表现在思维灵活，能及时转换变通。一是能从多方位、多角度、多侧面去思考对象；二是易打破思维定式的影响，思路受阻时能迅速转换。

（3）敏锐性。表现在能迅速地评价并及时地捕捉闪耀的思想。它要求对新异现象有敏锐的感受能力，能迅速地认识其价值，并能牢牢地把握它。

（4）突发性。表现在对问题进行长时间思考后突然豁然开朗、问题迎刃而解，体现出一种非逻辑性的特征，其主要表现形式是灵感和顿悟。

拓展阅读　需要一把剪刀

据说篮球运动刚诞生的时候，篮板上钉的是真正的篮子（图1-4）。每当球投进的时候，就有一个专门的人踩在梯子上把球拿出来。为此，比赛不得不断断续续地进行，缺少激烈紧张的气氛。为了让比赛更顺畅地进行，人们想了很多取球方法，都不太理想。有一位发明家甚至制造了一种机器，在下面一拉就能把球弹出来，不过这种方法仍没能让篮球比赛紧张激烈起来。

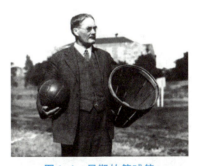

图1-4　早期的篮球筐

终于有一天，一位父亲带着他的儿子来看球赛。小男孩看到大人们一次次不辞劳苦地取球，不由地大惑不解：为什么不把篮筐的底去掉呢？大人们如梦初醒，于是才有了今天我们看到的篮网样式。去掉篮筐的底，就这么简单，但那么多有识之士都没有想到。听起来让人费解，然而就是这么一个简单的问题困扰了人们多年。可见，无形的思维定式就像那个结实的篮子禁锢了我们的头脑，使得我们的思维就像篮球被囚禁在了篮筐里。

生活中许多时候，我们只需要这样一把"剪刀"，剪掉那些缠绕着我们的"篮筐"，生活原本并没有那么复杂。

（六）不轻易否定、不简单比较原则

在评价各种创新成果时，不能轻易否定创新成果。因为评价者的认知水平和实践能力一般来说达不到创新者的程度，评价者也可能会考虑自己的利益而不能持公正的立场。轻易否定创新成果，会对创新造成极大损害。

（七）宽容失败原则

"我们必须走出适合国情的创新路子，特别是要把原始创新能力提升摆在更加突出的位置，努力实现更多'从0到1'的突破。"2020年9月11日，在科学家座谈会上，习近平总书记深入阐述加快科技创新的重大战略意义，对广大科学家和科技工作者提出了殷切期望。

宽容失败，才能实现更多"从0到1"。实现"从0到1"，有失败不是偶然，而是必然；不是终点，而是新起点。失败难以避免，能否宽容失败至关重要。一家高科技企业负责人曾对编者说，以前不怕失败，科技成果很多，现在有了"问责"，失败有了代价，大家都变得保守了。如果不能在制度设计上给失败者以包容，不能在文化氛围上给失败以宽容，就会使更多的人选择那些"保险"的路径，整个社会的创新动力就会弱化，甚至有"熄火"之忧，还会有更多"从0到1"吗？宽容是一种理解，更是一种激励，宽容失败正是对科学研究的加油助威。实现更多"从0到1"的突破，必须营造宽容失败的良好氛围，对于那些承担探索性强、风险性高的科研项目的科研人员的失败，要切实从体制和机制上给予理解、帮助和扶持。最大限度地宽容失败，才能最大可能地实现"从0到1"的突破。

拓展阅读 TUOZHANYUEDU　　从"操刀伤锦"到"宽容失败"

2016年2月23日，习近平总书记主持召开中央全面深化改革领导小组第二十一次会议，会议强调指出"允许试错、宽容失败"，集中体现了我党实事求是的思想路线。

其实，中国自古就有这种"宽容失败"的优秀文化传统。首先让我们想起的就是"操刀伤锦"这个典故，出自《左传·襄公三十一年》，郑国官员子皮提议任用尹何到某邑为官，大夫子产却认为不可，并说不能"未能操刀而使割"。以美锦不能让新手来学裁剪为喻，表示不可用新人试担大任。这历来作为经验主义的信条被信奉，但在创新发展的新时代我们应对它进行重新审视和理性的反思。

《左传·定公十三年》也有这样的记述："三折肱知为良医。"意思是，多次摔坏胳膊，就必然会成为一个可以治愈摔伤的好医生。诗人屈原在《惜诵》中写道："九折臂而成医兮，吾至今而知其信然。"可见，犯错误甚至是多次犯错误就会从中得到宝贵经验，失败是成功之母这一真理早已被我们的祖先所认知。

唐宋以来，人们对"操刀伤锦"有了越来越新的、深刻的认知。历史对这种特殊的"伤锦"产生了更加宽容、爱惜，甚至是保护的态度。"初唐三杰"之一、著名诗人杨炯在《益州温江县令任君神道碑》一文中，写道："实谓枢机八座，上下三阶，岂惟缚柱鞭丝，操刀制锦。"这次对"操刀伤锦"进行了一次修正，出现了"操刀制锦"。一字之改，两重天地。

改革就要创新，创新就需要人才，要想源源不断地培养和造就优秀年轻干部，就要敢于让改革新手尽早"操刀"。新手操刀势必损伤一点"精美的锦缎"，因此，我们就得对新手在操刀过程中的失误多一些宽容和理解，舍得让操刀新手们损伤一些"锦缎"。只有这样才能大力营造敢为人先、敢于创造、敢冒风险的氛围，形成"宽容失败"的良好环境，新的人才就能尽快成长，给我们的事业注入无穷的生机和活力。

我们的事业要发展，中华民族伟大复兴的中国梦要实现，需要年轻人尽早"操刀"，舍得让他们"伤锦"，允许他们出现些许问题。从短视的目光和局部利益来看，这是损失，但从我们事业的大局和长远建设来分析，这是我们取得成功的必要试验，它既能为我们的事业累积宝贵的经验，又为我们的建设培养大量的后备力量，更会从战略上防止和避免更大的损失。算清"操刀伤锦"这笔账，"宽容失败"一定会产生更强大的政治、经济和文化的综合效益。

资料来源：《新华每日电讯》（有改动）2016年3月25日

（八）继承创新原则

创新者绝不是在无知的基础上创新，而是在继承人类文明成果的基础上创新。创新就是在现有的文明成果的基础上向前走一步，所以，创新者必须通过长期、系统的学习，了解人类现有的文明成果，挖掘过去成功的经验，才能顺利地走向未来。

但如果只讲继承而不讲创新，总是停留在过去的成就上，骄傲自满，不断复制过去的成功经验，将过去的成功经验照搬到另一个领域，就会造成落后或失败。敢于放弃"昨天"，放弃旧的思维、旧的模式、旧的产品、旧的服务，才能有效地进行创新。

继承和创新是相互联系的，没有"不变"，就没有继承，创新发展就失去了基础；没有"变"，就没有创新，发展就失去了活力。

拓展阅读 TUOZHANYUEDU　书法家的创新故事——艺术要在继承的基础上创新

书法和其他艺术一样，贵在不断推陈出新，在学习与借鉴前人经验的基础上，创造出富有时代精神的新作品。晋代的王羲之，被誉为"书圣"。他学习书法时，不但刻苦认真，而且博采众长，不断扩大自己的知识面。据说他起初向卫夫人学习书法，后来又借鉴秦汉以来众多的书法佳作，像秦代大书法家李斯、汉代大书法家蔡邕、三国大书法家钟繇，以及被称为"草圣"的张芝等许多名家作品，他都泛览博识，然后才独创出一种俊逸妍美的新书体。前人高度评价他的书法如"龙跳天门，虎卧凤阙"。他的代表作品《兰亭序》被誉为"天下第一行书"。

米芾是宋代四大书法家之一，他年轻时学习书法很刻苦，借了很多晋代和唐代名家真迹来临摹，当他把古人的真迹和自己临摹的作品一道归还原主时，连主人也分辨不出真假来。别人对他说："你写字太像古代的人，唯独没有自己的面貌，这样是不会有成就的，希望你发挥自己的特长，不能食古不化。"他听后慢慢冲破古人的束缚，发扬自己的长处，到晚年终于形成了自己独特的书法风格。

四、创新的类型

（一）产品创新

产品创新到底应该怎么做呢？这是企业一直关注的问题，大多数的产品创新可以分为以下几种。

1. 极简化创新

生活中我们经常遇到一个问题：产品越升级，功能越多，表面上看是站在用户的角度，满足用户更多的需求，不断增加新的特性与功能，但同时也导致了产品越来越臃肿，产品创新朝着更加复杂、更加高端的方向发展。

极简化创新，就是把产品的部分功能移除，突出最核心的功能。就像Ipad与kindle这样的产品，不追求功能的多样性，把最核心的功能做到极致，成为所在领域的佼佼者。

2. 微创新

微创新同样是从用户的需求出发，找到用户的痛点，用最微小的迭代，满足用户的需求，让产品循序渐进地创新，打造"爆品"。

微创新需要满足以下三个条件。

（1）产品已经稳定，且能正常满足用户的需求。

（2）微创新基于用户的需求。

（3）微创新满足低成本操作。

3. 组合式创新

把现有的产品进行拆分，分解为多个部分，再按照不同的方法进行重新组合。在把现有产品分解为多个部分之后，就可以从不同的角度看到产品的全貌，对打散的部分进行逐个组合，会发现很多意想不到的效果。

例如螺丝刀有各种各样的类型，每种对应不同的螺丝，如果你想要备全所有的螺丝刀，那可能去哪里都要背一个大包。通过拆分组合的方法，把螺丝刀头与杆进行分离，让一把杆可以匹配多种螺丝头，这就发明了多功能螺丝刀。

4. 颠覆式创新

颠覆式创新是所有的创新方法中最难的，失败率最高的，但也是能获得巨额回报的创新方式。

任何一个体系都是处于内外部自洽的状态才能完美地运行，每一个体系都有其边界，若越过边界，原有体系随即被打破，新的体系随之建立。这种颠覆式创新往往具备极强的破坏性，因为颠覆式产品创新建立了新的价值网，旧的价值网既得利益者的利益受到损害，利益开始向新的方向转移。

任何一种创新都会面临原有生产模式、思维定式，以及既得利益者的阻碍，企业的产品创新之路都要面临内部与外部的种种压力。四种产品创新的模式，有对原有产品进行微创新，有对整个行业特性进行变革，但都是在满足用户需求的基础上，通过洞察用户的需求、倾听用户的声音，对产品进行创新。

（二）技术创新

技术创新是指采用新的生产方法或新的原料生产产品，以达到保证质量、降低成本、保护环境或使生产过程更加安全和省力的目的。

技术创新可在以下四个层面上实现。

（1）工艺路线的革新，这是生产方式的改变。例如，用精密铸造、精密锻造、粉末冶金代替金属切削生产复杂的机械零件，可大幅缩短生产周期，降低成本。

（2）材料替代和重组。例如，美国曾出现农产品过剩，农场主负债累累，政府补贴农业的财政负担沉重。堪萨斯、卡罗来纳等农业州的农民与大学合作，从环保角度，以农产品作为原料生产工业产品，比如用玉米生产一次性水杯、餐具和包装盒，从玉米中提取燃烧用的乙醇，从大豆中提取润滑油替代石油产品等，受到市场欢迎，政府决定给予减税和强制推行等政策支持。

（3）工艺装备的革新。例如，用电脑绣花机代替手工绣花，用数控机床代替手动操作机床等。

（4）操作方法的革新。用更省力、更高效的操作方法，代替已有的一些传统的、不适应现代技术进步的操作方法。

（三）服务创新

服务创新是指在服务过程中服务企业应用新思想和新技术来改善和变革现有的服务流程和服务产品，提高现有的服务质量和服务效率，为顾客创造新的价值，增强顾客忠诚度，创造更大的服务价值和效用，最终形成服务企业的竞争优势。

服务创新主要是针对服务领域进行创新，包括服务内容、服务方式、服务质量等方面的改进，以提升用户的满意度和体验感。例如，滴滴出行推出的"顺风车"服务，其创新点在于利用互联网技术实现人与人之间的共享出行，既方便了用户出行，又缓解了城市交通拥堵的问题。

（四）商业模式创新

商业模式描述的是企业如何创造价值、传递价值和获取价值的基本原理，其包括九个方面的内容：客户细分、客户关系、渠道通路、价值主张、关键业务、核心资源、重要伙伴、成本结构、收入来源。这九个方面相互联系，密不可分。商业模式创新是继企业技术创新、产品创新、市场创新、组织创新之后的又一创新，是新经济的显著特点。

我们可以把商业模式分为两大类，即运营性商业模式和策略性商业模式。

1.运营性商业模式

主要包含以下几个方面的内容。

（1）产业价值链定位：企业处于什么样的产业链条中，在这个链条中处于何种地位，企业结合自身的资源条件和发展战略应如何定位。

（2）盈利模式设计（收入来源、收入分配）：企业从哪里获得收入，获得收入的形式有哪几种，这些收入以何种形式和比例在产业链中分配，企业是否对这种分配有话语权。

2.策略性商业模式

主要包括以下几个方面的内容。

（1）业务模式：企业向客户提供什么样的价值和利益，包括品牌、产品等。

（2）渠道模式：企业如何向客户传递业务和价值，包括渠道倍增、渠道集中/压缩等。

（3）组织模式：企业如何建立先进的管理控制模型，比如建立面向客户的组织结构，通过企业信息系统构建数字化组织等。

每一种新的商业模式的出现，都意味着一种创新、一个新的商业机会的出现，谁能率先把握住这种商业机遇，谁就能在商业竞争中拔得头筹。

拓展阅读　　创新的商业模式

1. 大疆——消费级无人机市场的霸主

深圳市大疆创新科技有限公司（DJ-Innovations，DJI），成立于2006年，是全球领先的无人飞行器控制系统及无人机解决方案的研发商和生产商，客户遍布全球100多个国家。它占据全球70%的无人机市场份额。

创新性：无人机以前主要是应用在军事方面，而DJI是第一个将无人机应用在商业领域并获得成功的企业。DJI无人机如今已被应用在军事、农业、记者报道等方面，是可以"飞行的照相机"。

2. 滴滴巴士——定制公共交通

2015年7月15日，继快车、顺风车之后，滴滴快的旗下巴士业务"滴滴巴士"（图1-5）也正式上线。目前滴滴巴士已经在北京和深圳拥有700多辆大巴、1000多个班次。

图1-5　滴滴巴士

创新性：滴滴巴士是第一个尝试将巴士进行多场景应用的定制巴士。滴滴巴士是基于定制化出行的城市通勤定制服务。它根据大数据测算并推出城市出行新线路。滴滴巴士还将巴士进行多场景应用，比如旅游线路定制、商务线路定制等，扩展了巴士出行的场景。

任务二 创新意识

一、创新意识的概念

创新意识是指人们根据社会和个体生活发展的需要，引发创造前所未有的事物或观念的动机，并在创造活动中表现出的意向、愿望和设想。它是人类意识活动中的一种积极的、富有成果性的表现形式，是人们进行创造活动的出发点和内在动力，是创造性思维和创造力的前提。

二、创新意识的特征

1. 新颖性

创新意识或是为了满足新的社会需求，或是用新的方式更好地满足原来的社会需求，创新意识是求新意识。

2. 社会历史性

创新意识是以提高物质生活水平和精神生活水平的需要为出发点的，而这种需要很大程度上受具体的社会历史条件制约，在阶级社会里，创新意识受阶级性和道德观念的影响制约。人们的创新意识激起的创造活动和产生的创造成果，应为人类进步和社会发展服务，创新意识必须考虑社会效果。

杂交水稻之父袁隆平（图1-6），因为他的知识和人生经历，促使他走向创新这条路，并且解决了全球性粮食短缺问题，养育了无数人。

粮食产量增加，意味着人口数量可以进一步增加，人口数量越多，新的创新产物也将会越多，技术和劳动力就会增多，文明发展得就越快。

图1-6 杂交水稻之父袁隆平

3. 个体差异性

人们的创新意识和他们的社会地位、文化素质、兴趣爱好、情感志趣等相适应，它们对创新起重大推动作用。而在这些方面，每个人都会有所不同，因此对于创新意识既要考察社会背景，又要考察其文化素养和志趣动机。

拓展阅读   创新意识的构成

创新意识包括创造动机、创造兴趣、创造情感和创造意志。

创造动机是创造活动的动力因素，他能推动和激励人们发动和持续进行创造性活动。

创造兴趣能助力创造活动的成功，是促使人们积极探求新奇事物的一种心理倾向。

创造情感是引起、推进乃至完成创造的心理因素，只有具有正确的创造情感才能使创造成功。

创造意志是在创造过程中克服困难、冲破阻碍的心理因素，创造意志具有目的性、顽强性和自制性。

创新意识与创造性思维不同，创新意识是引起创造性思维的前提和条件，创造性思维是创新意识的必然结果，二者之间具有密不可分的联系。创新意识是创造人才所必须具备的。创新意识的培养和开发是培养创造人才的起点。只有从小注重培养孩子们的创新意识，才能为他们成长为创造人才打下良好的基础。教育部门应以此为教学改革的重点，只有一个民族具有创新意识，国家才有希望成为知识经济时代的科技强国。

三、创新意识的作用

第一，创新意识是决定一个国家、民族创新能力最直接的精神力量。在今天，创新能力实际上是国家、民族发展能力的代名词，是一个国家和民族解决自身生存、发展问题能力大小的最客观和最重要的标志。

第二，创新意识促成社会多种因素的变化，推动社会的全面进步。创新意识根源于社会生产方式，它的形成和发展必然进一步推动社会生产方式的进步，从而带动经济的飞速发展，进而促进上层建筑的进步。创新意识进一步推动人的思想解放，有利于人们形成开拓意识、领先意识等先进观念；创新意识会促进社会政治向更加民主、宽容的方向发展，这是创新发展需要的基本社会条件。同时，这些条件反过来又促进创新意识的扩展，更有利于创新活动的开展。

第三，创新意识能促成人才素质结构的变化，提升人的本质力量。创新实质上确定了一种新的人才标准，它代表着人才素质变化的性质和方向，它输出一种重要的信号：社会需要充满生机和活力的、有开拓精神的、有新思想道德素质和现代科学文化素质的人。它客观上引导人们朝这个目标提升自身素质，使人的本质力量在更高的层次上得以确证。它激发人的主体性、能动性、创造性,从而使人自身的内涵获得极大丰富和扩展。

拓展阅读　　　　　创新的重要性

习近平总书记指出,国家的前途,民族的命运,人民的幸福,是当代中国青年必须和必将承担的重任。在实现"十三五"规划的征程中,各战线、各领域有为青年担当着中坚力量。"出彩90后"、向上向善好青年、优秀团员和团干部在广大青年群体中发挥着示范引领作用,在"四个全面"战略布局中奋勇争先,砥砺前行。作为一名大学生,只有积极地投入进去,才能更好地把握时代的脉搏。大学生要把握时代脉搏,唤起"崇尚科学、追求真知、勤奋学习、锐意创新、迎接挑战"的责任感和使命感,在发展中创新,在创新中发展,增强创新意识,提高自身综合素质,服务社会,造福人民。

四、大学生创新意识的培养

创新是一个民族的灵魂,是一个国家兴旺发达的不竭动力。创新是现代科学技术发展的原动力,科研能力和科研成果标志着一个国家的科技水平,创新则是实现富国强民的必由之路。那么如何培养大学生的创新意识呢?

(一)要培养辩证的思维方式和科学的学习方法

大学生思考问题时应有自己独立的想法,遇到问题时敢于质疑自己的观点,同时也要论证。曾经有一位著名院士在总结创新能力提高技巧的时候指出,出色的科学家之所以能源源不断地有新成就,是因为他们有从不枯竭的兴趣,并不断地培养自己的直觉,然后聚精会神地去研究它。由此看来,新发明、新发现是与发明家的思维习惯、学习精神分不开的。这就要求我们,要摒弃社会中的不良风气,切实发现自己的真正兴趣,并将自己的兴趣推而广之,坚持不懈地沉浸在发现问题和解决问题的思考当中;要善于用逆向思维思考问题,不断地培养自己的直觉,并把思维的灵感火花及时保存,使其成为研究的新发现。此外,科学的态度也很重要,这需要我们在思考问题的时候要聚精会神,真正深入每一个问题的每个层次,否则效率的下降只会使瞬间的灵感顷刻溜走。

(二)要主动营造活跃的创新氛围

创新氛围的营造能为创新行为提供环境支持,积极热烈的创新场景可以使大学生本身产生创新的意识和灵感。一方面，在大学校园里大学生应该主动配合营建自己的创新团体，如宿舍文化、班级文化、社团组织文化等；另一方面，大学生要积极利用好大学里的各种硬软件方面的环境资源，如图书馆、实验室等，这些场所通常是培育和激发创新灵感的绝佳环境。此外，大学生不应该仅仅局限于大学校园，还应该主动走出校门，参加社会实践，让理论和实践相结合，在社会实践中发现问题、思考问题、解决问题，并在实际活动中及时反馈，形成最终成果。

（三）良好的专业知识是提高创新意识和创新能力的关键

可以肯定地说，扎实基础理论知识是创新的前提。优秀的创新成果都是饱含科技含量的，没有坚实的知识积累和深厚的知识底蕴，是不可能孕育出优良发明的。李开复认为，在大学期间，大学生一定要学好基础知识，其中包括数学、英语、计算机和互联网的使用，以及本专业要求的基础课程。其原因是创新成果大都来源于基础知识的深层次组合；另外，如果没有打下良好的基础，大学生也很难真正理解高深的应用技术。因此，打好基础知识的根基，对获得新发现起着至关重要的作用。但是，我们切不可因为基础知识的学习就一味埋头苦钻基础知识而放弃了对基础知识的延伸和新知识的发现，否则就会陷入片面论的泥潭。

（四）勤于实验观察，树立创新意识

目前，我国高校在大学生学习生涯中，都安排有一定的实验课程。理工科学生安排有专业基础课的实验；文科学生安排有各种调研实验；体育、艺术学科的学生安排有一定的设计制作或训练实验。大学生应该积极地投入这些实验，努力发现并保护自己的好奇心，激发求知欲，培养创新意识。好奇心是人们对新鲜奇异事物以及纷繁复杂的大千世界进行探究的一种心理倾向，是推动我们主动积极地去观察生活、观察社会，展开创新思维的内在动因。观察是有目的、有计划的一种思维知觉，是知觉的高级形式，实验操作是锻炼大学生观察能力、培养创新意识的最重要途径。从实验目的的角度，实验一般可分为验证性实验和探索性实验两种。对于验证性实验，我们应该注重实验操作步骤的合理性和规范性，培养自己严谨的实验态度和作风；对于探索性实验，我们应该灵活运用所学的科学知识，对实验过程进行全方位的想象，对多种因素进行取舍，对所得信息进行筛选，有全局观点并善于应变。

（五）积极参与科研项目，锻炼创新技能

在当今的教育模式下，大学生日常的学习和实践基本上都是验证性的实验活动，而选择研究课题并参与相关的科研活动，可以使自己在整个科研活动中发现问题并采用有效的方法和途径去解决问题。参与科研实践项目，可以培养我们的信息加工能力、动手操作能力、创新技术的运用能力、创新成果的表现能力及物化能力等创新技能，进而提高创新能力。

总之，创新是社会和国家发展的需要，每位中华儿女都担负着创新的重任。我们一定要不畏艰险，勇于进取，开拓创新，用开放的胸襟、包容的精神、科学的方法、有效的措施，为培养创新能力大胆探索、大胆实践，为振兴中华民族奋斗！

拓展阅读

伽利略发现摆的规律

伽利略1564年出生于意大利的比萨城，在著名的比萨斜塔旁边。他的父亲是个破产贵族。当伽利略来到人世时，他的家庭就已经很穷了。17岁那一年，伽利略考入了比萨大学。在大学里，伽利略不仅努力学习，而且喜欢向老师提出问题。哪怕是人们司空见惯、习以为常的一些现象，他也要打破砂锅问到底，弄个一清二楚。

有一次，他站在比萨的天主教堂里，眼睛盯着天花板，一动也不动。他在干什么呢？原来，他用右手按住左手的脉搏，看着天花板上来回摇摆的灯。他发现，这灯的摆动虽然是越来越弱，以至每一次摆动的距离渐渐缩短，但是，每一次摇摆需要的时间却是一样的。于是，伽利略做了一个适当长度的摆锤，测量了脉搏的速度和均匀度。从这里，他找到了摆的规律。钟就是根据他发现的这个规律制造出来的。

项目实训

实训一

（一）你有创新意识吗？——创新能力水平自我测试

以下是一组自测题，每题有"无""偶尔""时有""经常"和"总是"5个选项，请根据自己的实际情况，选择作答。

（1）我不人云亦云。

（2）我对很多事情喜欢问为什么。

（3）我的思维常常无拘无束，没有框框。

（4）我能摆脱习惯思维的束缚。

（5）我常从别人的谈话或书本中发现问题。

（6）我勇于提出新想法、新建议。

（7）我观察事物敏感。

（8）我的创新欲望强。

（9）我头脑中记住的东西用时能及时提取出来。

（10）我的求知欲望强。

（11）我不迷信权威。

（12）我的想象力丰富。

（13）我相信自己创造潜力能充分发挥出来。

（14）我不迷信书本。

（15）我从创新性工作中获得乐趣。

（16）我看重事业的成功。

（17）我的联想能力强。

（18）我有远大的工作目标。

（19）我喜欢幻想。

（20）我头脑灵活。

（二）评估标准和结果分析

计分方法：将20道题所选答案后面的分数相加即为总得分（"无"计1分，"偶尔"计2分，"时有"计3分，"经常"计4分，"总是"计5分）。

总分在80分以上，则创新能力水平程度高。

总分在70～79分，则创新能力水平程度中等偏高。

总分在60～69分，则创新能力水平程度中等偏低。

总分在60分以下，则创新能力水平程度低。

实训二

活动：相识有创造力的我

（一）规则

形式：集体参与。

时间：20分钟。

材料：问卷"相识有创造力的我"（扫描右方二维码）。

场地：不限。

应用：创新能力培养。

目的：采用创造性的方式相互介绍自己，以提升右脑思维能力。

"相识有创造力的我"调查问卷

（二）程序

认真阅读问卷"相识有创造力的我"。先示范性地回答问卷问题，以引导学生轻松活泼地向大家展示自己创造力的一面。教师可以借助下列参考答案，也可以现场自由发挥。

（1）我的姓名是：_____

（2）我是一名：＿＿＿＿＿＿＿＿＿＿＿＿＿＿＿＿＿＿

我利用五官来介绍我自己。

（3）我看起来像：＿＿＿＿＿＿＿＿＿＿＿＿＿＿＿＿

（4）我闻起来像：＿＿＿＿＿＿＿＿＿＿＿＿＿＿＿＿

（5）我摸起来像：＿＿＿＿＿＿＿＿＿＿＿＿＿＿＿＿

（6）我听起来像：＿＿＿＿＿＿＿＿＿＿＿＿＿＿＿＿

（7）我品尝起来像：＿＿＿＿＿＿＿＿＿＿＿＿＿＿＿

（8）我最近的冒险经历是：＿＿＿＿＿＿＿＿＿＿＿＿

（三）相关讨论

（1）如何评价这种用右脑思维介绍自己的方式？有在众人面前暴露自己、不自在的感觉吗？

＿＿

（2）威廉·詹姆士曾经说过："人类能通过改变他们思维的态度来改变他们的生活。"

你对这句名言有何见解？

＿＿

本章小结

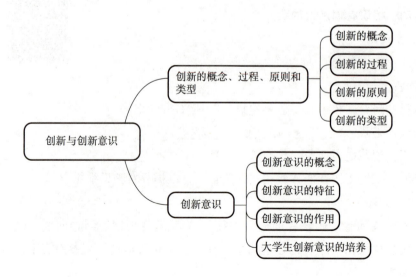

思考与练习

1. 请简述创新的含义、过程、原则和类型。
2. 以小组为单位,讨论如何理解以下内容:
   (1) 结合自身体会,谈谈自己对创新思维枷锁的认识。
   (2) 结合自身体会,谈谈对培养自身创新思维能力的理解。
3. 以小米科技有限公司为例,从环境创新角度分析该公司迅速崛起的原因。

项目二
创新思维与创新方法

/ 内容提要 /

恩格斯指出："一个民族要想站在科学的最高峰，就一刻也不能没有理论思维。"党的十八大以来，习近平总书记多次强调各级领导干部要努力掌握科学的思维方法，提高科学思维能力，其中包括提高创新思维能力。深入理解创新思维，可以从创新思维的科学性、实践性，以及提高创新思维能力的方法与路径来认识。本章主要介绍创新思维的概念和形式，以及典型的创新方法。

/ 学习目标 /

知识目标
- 理解创新思维的概念
- 掌握创新思维的形式
- 熟悉典型创新方法的特点及用法

能力目标
- 能用典型创新思维方法去思考和解决问题
- 能用创新思维方法解决学习和生活中的现实问题

素质目标
- 培养创新思维和运用创新方法思考问题的习惯

引导案例

如果卡车没有车轮——集装箱发明史

在集装箱被发明出来前,世界各地当然也进行着商品贸易和运输,只是那时整个过程是缓慢而艰难的。装卸货物要依靠大量的搬运工人,码头从早到晚人潮涌动,货物长时间堆积在港口仓库,等到有空船到达,工人们便开始像蚂蚁搬家一样,将堆成小山的货物装进麻袋、桶、捆包或者板条箱中,一件一件搬运到船上(图2-1)。港口延误和堵塞是家常便饭,有时装卸一艘大船要花上整整一个星期的时间,费力费时又费钱。

图2-1 清末搬运工正在码头搬运货物(网络图)

麦克莱恩1915年出生于北卡罗来纳州东南部的一个小镇,1937年的某一天,当他像往常一样从北卡罗来纳州前往新泽西州运货时,看到码头工人们花几个小时反反复复装卸货物,深感传统运货方法是一种对时间和金钱的浪费,正是这次体验为他日后发明集装箱埋下了伏笔。很快,他便有了一些有趣的想法。

为什么不直接把卡车开到船上,等运到目的地后,再直接把卡车开出来,这样不就可以省去中间反复装卸货物的时间了吗?

但卡车轮子太占空间,如果去掉车轮,只保留装载货物的"车厢",是不是就能把它们叠加在一起,一次性运输大量货品?

如果自己设计制造一种标准尺寸的箱子岂不是更方便?

只要合理设置各个运输站点,是不是就可以用运费低廉的轮船运输替代大部分货车运输?

能不能让卡车和轮船协调合作,进行"联合运输"?

……

麦克莱恩并没有让这些想法只停留在脑海里,他在实际核算后发现,新方法的运输成本将比传统方法降低90%以上!欣喜万分的他很快着手开发和测试不同的箱子模型。要设计出一款理想的箱子并不容易,它不仅自重要轻、坚固不易变形,还要能便捷地用于轮船的装卸、堆叠以及卡车的公路运输。

最终,他敲定了一款箱长33英尺的设计,这就是现代集装箱的雏形——它容量大、材质坚固、尺寸统一、可叠加、易于装卸还能上锁防盗。后来,他在此基础上进行了多次改进,让集装箱变得更加实用(图2-2)。值得一提的是,虽然麦克莱恩发明了现代集装箱,但是"用箱子运输货物"这种想法并非他的首创,早在18世纪人们就使用方形的箱子来运货,但那些箱子尺寸较小,规格也不固定,不能被称作"集装箱"。

图2-2 堆叠在一起的集装箱(图片来源:pixabay)

麦克莱恩对自己的想法深信不疑,随即卖掉了自己的卡车业务。1955年,他申请了4200万美元贷款,用其中的700万美元购买了一家航运公司——泛大西洋轮船公司。这家公司业务成熟,在许多东部港口城市拥有停泊权。购买后不久,他将公司重新命名为"海陆公司"(SeaLand Industries)。随后他又购买了油轮"理想X号"(图2-3)加以改造,使其在装载15000吨石油后还能容纳58个集装箱。

图2-3 理想X号(图片来源:Karsten Kunibert/Wikimedia Commons)

集装箱在短短60多年的时间里实现了惊人的发展。近年来还出现了具备制冷、加热或者气调保鲜(通过调节集装箱内气体成分达到保鲜效果）等功能的新型集装箱，不仅能进一步降低货物损耗，也丰富了集装箱可运载的货物品类。

还有一些人发现了集装箱的另类用法，他们将集装箱改造为住房、农场、鱼塘甚至购物中心，这大概连麦克莱恩自己也没有料想到吧。

任务一　创新思维的概念及形式

一、创新思维的概念

创新思维就是要打破传统经验导向的思维方式的束缚，在思维的探索中，开辟新的方向，从而实现对固有经验的突破，创造出新的思路或解决方案的思维方式。

二、创新思维的形式

创新思维有很多种，以下是几种常见的、主要的创新思维形式或种类。

（一）触类旁通——侧向思维

侧向思维，又称"旁通思维"，它是沿着正向思维旁侧开辟出新思路，利用其他领域里的知识和资讯，从侧向迂回地解决问题的一种思维形式。

拓展阅读　　他山之石，可以攻玉

曹冲称象——少聪察岐嶷，生五六岁，智意所及，有若成人之智。时孙权曾致巨象，太祖欲知其斤重，访之群下，咸莫能出其理。冲曰："置象大船之上，而刻其水痕所至，称物以载之，则校可知矣。"太祖悦，即施行焉（图2-4）。

孟母断机——孟母姓仉（zhǎng）氏，孟子之母。夫死，狭子以居，三迁为教。及孟子稍长，就学而归，母方织，问曰："学何所至矣？"对曰："自若也。"母愤因以刀断机，曰："子之废学，犹吾之断斯机也。"孟子惧，旦夕勤学，遂成亚圣（图2-5）。

图 2-4　曹冲称象　　　　　图 2-5　孟母断机

周恩来巧妙应答——周恩来总理在他的政治生涯中，思路活跃多变的事例不胜枚举。20世纪50年代，在一次中外记者招待会上，一个外国记者问周总理中国的人民币有多少基金。显然这是一个带有挑衅、嘲讽性的问题，讽刺我国发行的人民币没有黄金储备。如果直接说我们的黄金储备不多，有失国人、国家的尊严；如果硬说我们有充足的黄金储备，又不符合事实。回答好这个问题，确实有很大难度，总理采取迂回的方法从容不迫地回答："十八元八角八分。"（当时人民币票面值是十元、五元、二元、一元、五角、二角、一角、五分、二分、一分，加起来共十八元八角八分）

侧向思维富有浪漫色彩，看似问题在此，其实"钥匙"在彼；似乎瞄着问题的焦点，答案却在远离焦点的一侧。侧向思维的要义在于"他山之石，可以攻玉"，借助系统之外的信息、知识、经验来解决面临的难题。侧向思维是利用事物间的相互关联性，经由常人始料不及的思路达到预定的目标，这就要求思维的主体善于另辟蹊径。

（二）反弹琵琶——逆向思维

逆向思维是人们重要的一种思维方式。逆向思维也叫求异思维，它是对司空见惯的似乎已成定论的事物或观点反过来思考的一种思维方式。敢于"反其道而思之"，让思维向对立面的方向发展，从问题的相反面深入地进行探索，树立新思想，创立新形象。人们习惯于沿着事物发展的方向去思考问题并寻求解决办法。其实，对于某些问题，尤其是一些特殊问题，从结论往回推，倒过来思考，从求解回到已知条件，反过去想或许会使问题简单化，使解决它变得轻而易举，甚至因此而有所新发现，创造出惊天动地的奇迹来，这就是逆向思维和它的魅力。

与常规思维不同，逆向思维是反过来思考问题，是用绝大多数人没有想到的思路去思考问题。运用逆向思维去思考和处理问题，实际上就是以"出奇"达到"制胜"。因此，逆向思维的结果常常会令人大吃一惊，喜出望外，别有所得。

1. 逆向思维三点特征

（1）普遍性。逆向性思维在各种领域、各种活动中都有适用性，由于对立统一规律是普遍适用的，而对立统一的形式又是多种多样的，有一种对立统一的形式，相应地就有一种逆向思维的角度，所以，逆向思维也有无限多种形式。如性质上对立的两极转换：软与硬、高与低等；结构、位置上的互换、颠倒：上与下、左与右等；过程上的逆转：气态变液态或液态变气态、电转为磁或磁转为电等。不论哪种方式，只要从一个方面想到与之对立的另一方面，就都是逆向思维。

（2）批判性。逆向是与正向比较而言的，正向是指常规的、常识的、公认的或习惯的想法与做法。逆向思维则恰恰相反，是对传统、惯例、常识的反叛，是对常规的挑战。它能够克服思维定式，打破由经验和习惯造成的僵化的认识模式。

（3）新颖性。循规蹈矩的思维和按传统方式解决问题虽然简单，但容易使思路僵化、刻板，摆脱不掉习惯的束缚，得到的往往是一些司空见惯的答案。其实，任何事物都具有多方面属性，由于受过去经验的影响，人们容易看到熟悉的一面，而对另一面却视而不见。逆向思维能克服这一障碍，往往是出人意料，给人以耳目一新的感觉。

2. 逆向思维三种类型

（1）反转型逆向思维法。这种方法是指从已知事物的相反方向进行思考，产生发明构思的途径。事物的相反方向思考指常常从事物的功能、结构、因果关系等三个方面作反向思考。

（2）转换型逆向思维法。这是指在研究一个问题时，由于解决这个问题的手段受阻，而转换成另一种手段，或转换思考角度，以使问题顺利解决的思维方法。

如历史上被传为佳话的"司马光砸缸救落水儿童"的故事，实质上就是一个用转换型逆向思维法的例子。

（3）缺点逆用思维法。这是一种利用事物的缺点，将缺点变为可利用的东西，化被动为主动，化不利为有利的思维发明方法。

这种方法并不以克服事物的缺点为目的，相反，它是将缺点化弊为利，找到解决方法。

例如金属腐蚀是一桩坏事，但人们利用金属腐蚀原理进行金属粉末的生产，或进行电镀等其他用途，无疑是缺点逆用思维法的一种应用。

（三）纵横驰骋——发散思维

发散思维，又称辐射思维、放射思维、扩散思维或求异思维，是指大脑在思维时呈现的一种扩散状态的思维模式。它表现为思维视野广阔，思维呈现出多维发散状，如"一题多解""一事多写""一物多用"等方式，培养发散思维能力。

发散思维是人们对思维定式的一种突破，启发人们从多角度、多层次、多方向来观察同一问题，而采用的一种不受任何约束和限制的思维形式。发散思维是尽可能多地获取解决问题和创新的方案，最终圆满解决问题或获得创新的一种思维方式。

1. 发散性思维的特点

（1）流畅性。流畅性衡量思维发散的速度，是发散思维"量"的指标。表示思维活动畅通无阻、灵敏迅速，能在短时间表达较多的概念以及较快地适应、消化新的思想观念。达到思维的流畅性需要大量的知识积累和信息收集。

（2）变通性。变通性是发散思维"质"的指标，体现了发散思维的灵活性、多样性和多面性。变通性是指在发现问题、分析问题、解决问题时可采用多角度、多层次、颠倒式的思考，包括对概念、定义、内容的替换、借用、交叉、整合和重组。思维的变通需要丰富的想象力和联想能力。

（3）独特性。独特性指人们在发散思维中做出异于他人的新奇反应的能力。独特性是发散思维的本质，是发散思维的最高目标。对某问题的解决方案是否属于创造性，不在于这一解决方式曾经是否有人提出过，关键在于这一问题及其解决方案对这个人来说是否是新颖的。

2. 发散思维使用技巧

想象与联想，流畅性、变通性和独特性共同构成了发散思维，发散思维在创新和创意中，占据着极其重要的作用，那么，我们该如何利用发散思维进行创新呢？

发散思维可以通过以下几种方法来实现。

（1）多元化思考。通过引入不同的视角、经验、知识等元素来拓宽思维的视野，寻找新的解决方案。

（2）联想思考。将不同的概念、元素、想法等联结起来，通过联想和组合来产生新的思考结果。

（3）多角度思考。从不同的角度出发，分析和评估问题或情境，拓展思维的深度和广度。

（4）反转思考。从相反的角度或方向出发，寻找与众不同的解决方案。

（四）海阔天空——联想思维

联想思维是在原先并不相关的事物之间搭起一座认识的桥梁，将表面看来互不相关的事物联系起来的一种创新思维方式。联想思维可以使我们扩展思路、升华认识、把握规律，它又可细分为如下几种。

1. 接近联想

接近联想是根据事物之间在空间或时间上的彼此接近进行联想，进而产生某种新设想的思维方式。

拓展阅读　　　　　　　苏东坡如何治理西湖？

苏东坡当年在杭州任地方官的时候，西湖的很多地段都已被泥沙淤积，成了所谓的"葑田"。苏东坡多次巡视西湖，反复考虑如何加以疏浚，再现西湖美景。

有一天，他想到，如果把从湖里挖上来的淤泥堆成一条贯通南北的长堤，既便利来往的游客，又能增添西湖的景点和秀美，多好啊。苏公妙计，一举数得。

2. 对比联想

对比联想就是根据事物之间存在的互不相同或彼此相反的情况进行联想，从而引发某种新设想的思维方式。

拓展阅读　　　　　　　难看的玩具

美国人布什耐发现有几个孩子在玩一个玩具（图2-6），这个玩具不但满身污泥，而且长得十分难看，他想市场上都是形象优美的玩具，假如生产一些丑陋的玩具投入市场会如何呢？结果这些玩具为他带来了丰厚的利润。

图2-6　难看的玩具

3. 相似联想

相似联想就是由某一事物或现象想到与它相似的其他事物或现象，进而产生某种新设想。

拓展阅读　　　　　　　屎壳郎与耕作机

四川省有个叫姚岩松的人，他意外地发现屎壳郎能滚动一团比它自身重几十倍的泥土，却拉不动比那块轻得多的泥土。他曾开过几年拖拉机，他联想到：能不能学一学屎壳郎滚动土块的方法，将拖拉机的犁放在耕作机身动力的前面呢？经过实验，他设计了犁耕工作部件前置、单履带行走的微型耕作机，以推动力代替牵引力，突破了传统耕作机的结构方式。

4.连锁联想

连锁联想是根据事物之间这样或那样的联系，一环紧扣一环地进行联想，从而引发出新的设想。

拓展阅读　　　一个小工厂的连锁联想

某工厂是一家小小的化肥厂。后来他们由生产化肥联想到了生产饮料，因为生产饮料可以利用生产化肥的软水处理和冷冻设备，还能利用生产化肥所剩余的蒸汽，于是他们办了饮料厂，由饮料厂他们又联想到香精生产，于是他们先后开发了玫瑰花生产基地和开办了香精厂。随后又建立了水泥厂、化工机械厂、建筑公司等。

5.飞跃联想

飞跃联想就是在看上去没有任何联系、相距甚远的事物之间形成联想，以引发出某种新设想。

拓展阅读　　　冰——南极输油管道

美国的一个探险队首次准备在南极过冬时，遇到了这样一个问题：队员们打算把船上的汽油输送到基地上，但由于输油管的长度不够，当时又没有备用的管子，无法输油。队长想：能否用冰做成冰管子呢？由于南极气温极低，低至$-80℃$，冰比钢还要硬，但怎样才能使冰成为管状而不致破裂呢？他又想到了医疗上使用的绷带，他们试着把绷带缠在铁管子上，然后在上面浇水，让水结成冰后，再拔出铁管子，就做成了冰管子，这样再把冰管子一截截连接起来，需要多长就接多长，从而解决了这个问题。

（五）刨根问底——纵向思维

纵向思维是一种逻辑方法，它的核心思想是将一个问题或一个复杂的情境分解成多个部分，然后逐个分析和解决。这种思维方法可以帮助我们更深入地理解问题的本质，发现问题的症结所在，从而提出更有效的解决方案。

纵向思维包括以下几个步骤。

（1）将问题分解成多个部分。

（2）分析每个部分的特点和关系。

(3) 按照逻辑顺序组合每个部分。

(4) 检验整个解决方案的有效性。

纵向思维适用于各种情境，无论是个人生活中的问题，还是工作中的挑战，都可以通过这种方法来进行分析和解决。通过纵向思维，我们可以更客观地看待问题，更深入地理解其本质，从而提出更加有效的解决方案。

（六）放飞自我——灵感思维

灵感，来自对信息的诱导、经验的积累、联想的升华等，在本质上是对事物之间关系的整体把握，是人们在思维过程中带有突发性的思维形式长期积累、艰苦探索的一种必然性和偶然性的统一。灵感不是神秘莫测或是心血来潮的，它是人对客观事实的反映。人们借助灵感、凭借直觉启示可进行快速、顿悟性的思维。灵感思维不是一种简单的思维，而是将事物的逻辑性和非逻辑性相统一的理性思维整体过程。

拓展阅读 "毕达哥拉斯定理"归功于灵感

一次，毕达哥拉斯应邀到朋友家中做客。赴会后，其他朋友互致问候，谈笑风生，而他却被朋友家中的地面图案所吸引，陷入沉思。

主人正要问他时，他却突然站起来，呵呵大笑，并不辞而别赶回家中。原来，他在地面图案——直角三角形花纹的启发下，产生了灵感并发现了"毕达哥拉斯定理"（即中国的勾股定理，但比之早约500年）。

（七）出奇制胜——求异思维

求异思维是在思维中自觉地打破已有的思维定式、思维习惯或以往的思维成果，在事物各种巨大差异之间建立中介，突破经验思维束缚的思维方法。

拓展阅读 聪明的犹太老人

有一个犹太老人，退休后，在学校附近买了一间简陋的房子。住下的前几个星期还很安静，不久后有3个年轻人开始打扰老人宁静的生活，他们每天都会来踢垃圾桶。老人出去跟年轻人谈判："我喜欢看你们玩得这样高兴。如果你们每天都来踢垃圾桶，我将每天给你们每人一块钱"。3个年轻人很高兴，更加卖力地踢垃圾桶。不料三天后，老人忧愁地说："通货膨胀减少了我的收入，从明天起，只能给你们每人五毛钱了。"

年轻人显得不大开心，但还是接受了老人的条件。他们每天继续去踢垃圾桶。一周后，老人又对他们说："最近没有收到养老金支票，对不起，每天只能给两毛了。""两毛钱？"一个年轻人脸色发青，"我们才不会为了区区两毛钱浪费宝贵的时间在这里表演呢，不干了。"

从此以后，老人又过上了安静的日子。

1.求异思维的特点

（1）灵活性。求异思维的灵活性又称变通性。这里的变通是指思维随机应变，触类旁通，不局限于某一视角或某一方面，能从思维的某一方向跳到更多的方向、方面，从而形成多向思维。

（2）积极性。求异思维的积极性是指思维主体面对问题时能主动、积极地寻求不同的解决方案。

（3）多元性。求异思维的多元性是指思维方式多方发散、多路运行。

（4）试错性。求异思维的试错性表现为思维主体为寻求科学合理的解决方案而不断地探索，反复地尝试、纠错、论证。

2.求异思维的一般方法

（1）材料发散法。以某个物品尽可能多的"材料"，以其为发散点，设想它的多种用途。

（2）功能发散法。从某事物的功能出发，构想出获得该功能的各种可能性。

（3）结构发散法。以某事物的结构为发散点，设想出利用该结构的各种可能性。

（4）形态发散法。以事物的形态为发散点，设想出利用某种形态的各种可能性。

（5）组合发散法。以某事物为发散点，尽可能多地把它与别的事物进行组合成新事物。

（6）方法发散法。以某种方法为发散点，设想出利用该方法的各种可能性。

（7）因果发散法。以某个事物发展的结果为发散点，推测出造成该结果的各种原因，或者由原因推测出可能产生的各种结果。

拓展阅读

暗度陈仓

易卜生是挪威著名作家，也是当时挪威工人运动的支持者（图2-7）。一次，当地警察逮捕了几位工人运动领袖，经过调查，事情很快就牵扯到了易卜生。这天，警察发动突然袭击，到易卜生家里进行搜查。因为事发突然，易卜生来不及收拾资料，但他十分地沉着、冷静、机智，迅速地把那些重要的秘密文件随意地散放在地板上，然后装出要将无关紧要的资料收拾起来的样子。这一下子，就把警察们迷惑住了，他们带走了那些无关紧要的资料，至于随意撒在地上的秘密文件，却一份都没捡起来。

图2-7 易卜生

任务二 创新方法

创造方法，就是指创造性思维方法与创造经验、技巧的总和所表现出的方法与手段。它是创造者根据创造思维规律，从大量的发明创造活动、过程、成果中总结出的具有普遍规律的创造发明的技术与方法。

目前，主要的创新方法有组合法、头脑风暴法、奥斯本检核表法、六顶思考帽法、综摄法、5W2H分析法。

一、组合法

（一）组合法的概念

巧妙的组合就是创新。组合创新法，是以两个或多个事物为基础，按照一定的原理或目的，进行有效组合而产生的创新方法。

组合是客观世界中十分普遍的现象，小至微观世界的原子、分子，大至宇宙中的天体、星系，到处都存在着形形色色的组合现象。组合不仅处处有，它还创造了千姿百态的世界以及我们丰富多彩的生活。组合是无穷无尽、纷繁复杂的，组合的类型也是多种多样的。组合创新能够涵盖人类生活的方方面面，人类巨大的创新潜力就包含在组合里。以组合为基础的创新活动，在所有创新实践中占据主导地位。

拓展阅读
TUOZHANYUEDU

中国龙的形象

自古以来，龙一直是中华民族的图腾和象征，我们常常以自己是龙的传人而自豪。然而，龙的形象也一直是中国文化最古老的难解之谜之一。

学者们经过千百年的考证研究认为，龙是古代人们想象的，将种种象征美好生活的动物加以组合而成的神物（图2-8）。闻一多认为，今天所见到的龙的形象，是由大蛇演变而来的，是蛇加上各种动物而形成的。它以蛇身为主体，接受了兽类的四脚、马的头、蛇的尾、鹿的角、狗的爪、鱼的鳞和须，组合成为我们现在所知道的龙的形象。龙的形象经过历代人民的不断美化和神化，终于演化成为中华民族独特的徽记。

图2-8　中国龙

拓展阅读　小处不可随便

中国近代民族民主革命的先驱于右任先生是大诗人、大书法家，当时许多人都以得到他的片纸只字为荣。有一天，于右任发现他家后院外有人小便。于是便从自己的书房里随意找出一张宣纸，写上"不可随处小便"，贴在他家的院墙上以警示路人。但不一会儿，告示便不翼而飞。原来有人拿去经过剪裁、调整，装裱成"小处不可随便"的一帧条幅。于右任得知后惊讶不已，拍案叫绝。原来难登大雅之堂的六个字，经过重新组合后，竟然变成浑然一体、天衣无缝的警世格言（图2-9）。此事一时被传为民间佳话。

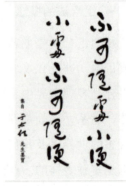

图2-9　于右任先生书法

组合法是一种以综合分析为基础，并按照一定的原理或规则对现有的事物或系统进行有效的综合，从而获得新事物、新系统的创造方法。

（二）组合法的原理

组合法的原理本质上是系统的原理，其具体表现在以下三个方面。

第一，从系统的思想来看，组合法就是把两个或多个系统按照一定原则进行组合生成新系统的过程，在统一的整体目标下，其中各个组成元素能够协调、有机地进行组合，并且在某些方面相互作用。

第二，产生的新系统具有新的特征或效果，系统的功能总和必须大于系统内各组成元素的单独功能之和。

第三，系统具有不同的属性或状态，这就要求在运用组合法进行创造活动时，创造者需要从各个不同的方面或角度进行系统的分析和评价。

（三）组合法的类型

组合法常用的类型有主体附加法、异类组合法、同物自组法、重组组合法以及信息交合法等。

1. 主体附加法

以某事物为主体，再添加另一附属事物，以实现组合创新的方法叫作主体附加法。在琳琅满目的市场上，我们可以发现大量的商品是采用这一方法创造的。如在铅笔上安上橡皮头，在电风扇中添加香水盒，在摩托车后面的储物箱上装上电子闪烁装置，都具有美观、方便又实用的特点。

主体附加法是一种创造性较弱的组合，人们只要稍加动脑和动手就能实现，但只要附加物选择得当，同样可以产生巨大的效益。

2. 异类组合法

将两种或两种以上的不同种类的事物组合，产生新事物的方法称为异类组合法。

3. 同物自组法

同物自组法就是将若干相同的事物进行组合，以达到创新目的的一种创新方法。例如，在两支钢笔的笔杆上分别雕龙刻凤后，一起装入一个精制考究的笔盒里，称为"情侣笔"，作为馈赠给新婚朋友的礼物；把三支风格相同颜色不同的牙刷包装在一起销售，称为"全家乐"牙刷。

同物自组法的创造目的，是在保持事物原有功能和原有意义的前提下，通过数量的增加来弥补不足或产生新的意义和新的需求，从而产生新的价值。

4. 重组组合法

任何事物都可以看作是由若干要素构成的整体。各组成要素之间的有序结合，是确保事物整体功能和性能实现的必要条件。如果有目的地改变事物内部结构要素的次序，并按照新的方式进行重新组合，以促使事物的性能发生变化，这就是重组组合。

在进行重组组合时，首先要分析研究对象的现有结构特点；其次要列举现有结构的缺点，考虑能否通过重组克服这些缺点；最后要确定选择什么样的重组方式。

5. 信息交合法

信息交合法是建立在信息交合论基础上的一种组合创新方法。信息交合论有两个基本原理：其一，不同信息的交合可产生新信息；其二，不同联系的交合可产生新联系。根据这些原理，人们在掌握一定信息基础上通过交合与联系可获得新的信息，实现新的创造。

二、头脑风暴法

头脑风暴法又称脑力激荡法、智力激励法、BS法、自由思考法，是由美国创造学家A.F.奥斯本于1939年首次提出、1953年正式发表的一种激发性思维的方法，目的是通过找到新的和异想天开地解决问题的方法来解决问题（图2-10）。

图2-10 头脑风暴法

头脑风暴法又可分为直接头脑风暴法（通常简称为头脑风暴法）和质疑头脑风暴法（也称反头脑风暴法）。前者是在专家群体决策中尽可能激发其创造性，产生尽可能多的设想，后者则是对前者提出的设想；方案逐一质疑，分析其现实可行性。

采用头脑风暴法组织群体决策时，要集中有关专家召开专题会议，主持者以明确的方式向所有参与者阐明问题，说明会议的规则，尽力创造融洽轻松的会议气氛。主持者一般不发表意见，以免影响会议的自由气氛，由专家们"自由"提出尽可能多的方案。

拓展阅读

头脑风暴法简介

美国20世纪30年代的一天，20岁的穷困潦倒的美国青年奥斯本怀揣一篇论文，来到一家广告公司应聘。公司老板一看，论文中用词不当的地方比比皆是，实在看不到熟练的写作技巧。老板把论文给各部门经理传阅，没有一个部门经理愿意聘用奥斯本。

但老板还是决定试用奥斯本3个月，因为他从论文中，看到了许多创造性火花。试用期内，奥斯本每天提出一项革新建议，其中不少建议在公司中发挥了重大作用。

1938年，他首次提出了一种激发创造性思维的方法：头脑风暴法（Brain storming）。头脑风暴法奠定了创新学的基础，奥斯本被人们尊称为"创新学之父"。

1941年，奥斯本出版《思考的方法》一书，此书被誉为创新学的奠基之作。

1958年，奥斯本出版《创造性想象》一书，发行了1.2亿册，曾一度超过《圣经》一书的销量。

(一) 头脑风暴法的激发机理

1. 创造一个自由的环境

在头脑风暴的过程中，人人都可以自由地表达自己的想法，不受任何限制和约束。这种自由的环境可以让人的思维更加自由地流动，从而激发出更多的创意和想法。

2. 开放的思维方式

在头脑风暴的过程中，人们可以尽可能地开放自己的思维方式，不受任何限制和束缚。这种开放的思维方式可以让人们更加敏锐地捕捉到周围的信息和创意，从而激发出更多的想法和创意。

3. 放松的心态

在头脑风暴的过程中，人们可以放松自己的心态，没有任何压力和焦虑。这种放松的心态可以让人们更加自由地思考和创造，从而激发出更多的创意和想法。

(二) 头脑风暴法成功的关键

一次成功的头脑风暴除了符合程序上的要求之外，更为关键是探讨方式，心态上的转变，概言之，即充分的、非评价性的、无偏见的交流，具体包括以下四点。

1. 自由给我创意——自由思考，自由畅想

参加者不应该受任何条条框框的限制，放松思想，让思维自由驰骋。从不同角度、不同层次、不同方位，大胆地展开想象，尽可能地标新立异、与众不同，提出独创性的想法。

围绕着一个中心议题（可以是思考一个活动创意或者一个活动主题等），畅所欲言。每个人可以发表任何自己头脑想到的任何想法，而无须太过深入考虑其可执行性。

2. 评价在心口莫开——延迟评判，禁止批评

所谓延迟评判就是当场不对任何设想做出评价的原则，既不能肯定某个设想，又不能否定某个设想，也不对某个设想发表评论性的意见，一切评价和判断都要延迟到会议结束以后才能进行。这样做一方面是为了防止评判约束与会者的积极思维，破坏自由畅谈的有利气氛；另一方面是为了集中精力先开发设想，避免把应该在后阶段做的工作提前进行，影响创造性设想的大量产生。

绝对禁止批评是指参加头脑风暴会议的每个人都不得对别人的设想提出批评意见，因为批评对创造性思维无疑会产生抑制作用。即使认为是幼稚的、错误的，甚至是荒诞离奇的设想，亦不得予以驳斥。

同时，发言人的自我批评也在禁止之列。有些人习惯于用一些自谦之词，这些自我批评性质的说法同样会破坏会场气氛，影响自由畅想。

诸如"这根本行不通""你这想法太陈旧了""这是不可能的""这不符合某某定律""我提一个不成熟的看法""我有一个不一定行得通的想法"等语句，禁止在会议上出现。

3. 量变引起质变——以量求质，多多益善

头脑风暴会议的目标是获得尽可能多的设想，追求数量是它的首要任务。参加会议的每个人都要抓紧时间多思考，多提设想。至于设想的质量问题，自可留到会后的设想处理阶段去解决。在某种意义上，设想的质量和数量密切相关，产生的设想越多，其中的创造性设想就可能越多。

4. 创意从来不是1＋1，而是指数递增——结合改善，借题发挥

有些时候别人会提出来很疯狂的点子，你自己虽然是专家，知道行不通，但是在座的很多人不是专家，说不定听到这个疯狂的点子会得到启发、获得灵感，在这个疯狂点子的基础上，提出更实际的方案。

（三）头脑风暴法的操作程序

1. 前期准备

头脑风暴法实施前首先确立好与会人员，通常可按照如下原则选取与会人员。

（1）参与者最好不要包括最终决策人，否则就会形成"球员是他，裁判也是他"的局面，而且影响整个头脑风暴的氛围。

（2）如果参加者互不认识，那么可从不同职位（职称或级别）人员中选取参与者。这样可以消除同一背景下的人想法之间的限制。

（3）参与者的专业应力求与所论及的决策问题相一致，这并不是专家组成员的必要条件。但是，专家组中最好包括一些学识渊博，对所论及问题有较深理解的其他领域的专家。此外，头脑风暴法的所有参加者都应具备较高的联想思维能力。

确定好与会人员后，头脑风暴会议前组织者（主持人）要先将会议的背景资料以及会议的核心目的告知所有与会者，与会者此时则需要根据需求去收集资料，自己先进行一场创意激荡，然后用一张小纸片记录下来。

会议前的准备阶段可以让与会者在会中更专注。

2. 头脑热身

这个阶段的目的是创造一种自由、宽松、祥和的氛围，使大家得以放松，进入

一种无拘无束的状态。

这一步旨在调动参与者的热情以及专注力。这里介绍一个简单的方法，正式开始头脑风暴之前，主持人可以取一样物品，如带勾把的雨伞，让大家限时1分钟说出其20种不同的用途：挡雨、拐杖、登山杖、武器、挡太阳、礼物、扁担、挂物品、降落伞、利物刺穿气球、钩住远处的物品拉到身边、挡风、扇风、魔术道具、船桨、舞蹈道具、避雷针、分手时不好意思说出口时作为象征物——散了、路上见到不想见到的人时可以用来挡脸、尺子量长度，等等。综上会发现，越往后大家的创意就越"离谱"，注意力越集中。

除了上面这种方法，还有很多其他方法，比如随便给出一张图片，让大家说出一句话的配图文案或者为一款产品想出20个新名字。

3. 创意激荡

主持人重复一遍项目的背景和目标，当参与者都专注起来的时候头脑风暴就可以正式开始了。参与者将自己收集的资料以及自己激荡后的结果进行展示，主持人在黑板上记录，或者参与者在纸片写下来后贴到黑板上。

注意这个过程每个人都不能对别人的想法进行评价，只要表达自己的想法或者从别人的思路中叠加出自己的新的创意即可，禁止评判。每个人展示完自己的想法后，所有人从面前的资料中再进行集体的激荡，不必考虑执行性，想法越多越好，以量求质。时间一到，不管表达出来的想法是否够多够好，马上停止。

4. 二次激荡

经过第一阶段的讨论后，参与者对问题已经有了较深程度的理解。此时"允许"评判了，不管是以"投票"的方式，还是以"讨论"的方式，最终从第一轮激荡中挑选出较好的2~3个思路，再围绕这几个思路进行第二轮的激荡，同样限时。

这一轮激荡，我们是在较好的想法的基础上进行升华。无论是好是坏都要在这一轮结束。千万不要抱着"其他的想法也还不错，说不定我们从中也能迸发出更好的创意呢"这样的想法，不要去怀念你已经"错过了的麦穗"，正因为多数会议的组织者都抱着这样的态度才会导致头脑风暴永无止境地进行下去，导致与会者都十分痛苦，再也挤不出创意。

5. 停下并筛选阶段

这一步很有趣。其实对于很多创意人来说，当进行了过长时间的思考之后，很难再迸发出有意思的创意，所以会议结束后的一二天内，主持人再向与会者了解大家会后的新想法和新思路，以此补充会议记录。

最后再将大家的想法整理成若干方案，再根据相关标准进行筛选。经过多次反复比较和优中择优，最后确定1~3个最佳方案。这些最佳方案往往是多种创意的优势组合，是大家集体智慧的结晶。

（四）头脑风暴法中主持人技巧

（1）主持人应懂得各种创造思维和技法，会前要向与会者重申会议应严守的原则和纪律，善于激发成员思考，使场面轻松活跃而又不失脑力激荡的规则。

可轮流发言，每轮每人简明扼要地说清楚自己的一个创意设想，避免形成辩论会和发言不均；要以赏识激励的词句、语气和微笑点头的行为语言，鼓励与会者多出设想；禁止使用下面的话语："这点别人已说过了！""实际情况会怎样呢？"遇到人人皆计穷智短出现暂时停滞时，可采取一些措施，如休息几分钟，自选休息方法，散步、唱歌、喝水等，再进行几轮脑力激荡。

或给每人发一张与问题无关的图画，要求讲出从图画中所获得的灵感。根据课题和实际情况需要，引导大家掀起一次又一次脑力激荡的"激波"。如课题是某产品的进一步开发，可以从产品改进配方思考作为第一激波、从降低成本思考作为第二激波、从扩大销售思考作为第三激波等。

又如，对某一问题解决方案的讨论，引导大家掀起"设想开发"的激波，及时抓住"拐点"，适时引导进入"设想论证"的激波。要掌握好时间，会议持续1小时左右，形成的设想应不少于100种。但最好的设想往往是会议快要结束时提出的，因此，预定结束的时间到了可以根据情况再延长5分钟，这是人们容易提出好的设想的时候。在1分钟时间里再没有新主意、新观点出现时，头脑风暴会议可宣布结束或告一段落。

（2）一场高效的头脑风暴需要主持人把握以下四点内容。

第一，了解组织的决策标准。企业头脑风暴会议中产生的好创意往往无疾而终，原因之一是它们不在组织愿意考虑的范围之内。如果外部环境或者企业政策设定了组织必须遵从的框框，那么，"打破思维框框"的口号就是一种无助于事的劝勉。

第二，提出正确的问题。数十年的学术研究表明，传统的、结构松散的头脑风暴法（以量取胜——创意越多，成功的可能性就越大）不如提供更具结构性的方法。研究发现，提供结构性的最佳方法是利用问题作为催生创意的平台。

第三，选择正确的人员。此处的规则非常简单：挑选那些可以回答您所提出的问题的人。这听起来很好理解，然而，在许多传统的头脑风暴会议上的情况，却并非如此，实际上，对与会者的挑选更多的是基于他们在组织结构中的地位，而不是他们具有的专业知识。

第四，分而治之。为了确保开展富有成效的讨论，不要让与会者在整个群体中连续数小时进行漫无边际的讨论。相反，要让他们在由3~5人（不要更少也不要更多）组成的小组里，举行多场独立的、重点明确的创意催生会议。每一个小组都应用足30分钟来专注于某一问题。为什么是3~5人呢？从社会规范角度而言，这样大小的群体有利于成员直言不讳，而更大的群体却会使其变得沉默不语。

拓展阅读 盖莫里公司的"智力激励法"

盖莫里公司是法国一家拥有300人的中小型私人企业，这一企业生产的电器有许多厂家和它一起竞争市场。该企业的销售负责人参加了一个关于发挥员工创造力的会议后大受启发，开始在自己公司谋划成立一个创造小组。在冲破了来自公司内部的层层阻挠后，他把整个小组（约10人）安排到了农村一家小旅馆里，在以后的三天中，每人都采取了一些措施，以避免外部的电话或其他干扰。

第一天全部用来训练，通过各种训练，组内人员开始相互认识，他们相互之间的关系逐渐融洽，开始还有人感到惊讶，但很快他们都进入了角色。第二天，他们开始创造力训练技能，开始涉及智力激励法以及其他方法。他们要解决的问题有两个，在解决了第一个问题，发明了一种拥有其他产品没有的新功能电器后，他们开始解决第二个问题，并为此新产品命名。

在第一、第二个问题的解决过程中，都用到了智力激励法，但在为新产品命名这一问题的解决过程中，经过两个多小时的热烈讨论后，共为它取了300多个字，主管则暂时将这些名字保存起来。第三天一开始，主管便让大家根据记忆，默写出昨天大家提出的名字。在300多个名字中，大家记住20多个。然后主管又在这20多个名字中筛选出了三个大家认为比较可行的名字，再将这些名字征求顾客意见，最终确定了其中的一个。

结果，新产品一上市，便因为其新颖的功能和朗朗上口、让人回味的名字，受到了顾客热烈的欢迎，迅速占领了大部分市场，在竞争中击败了对手。

三、奥斯本检核表法

奥斯本检核表法是指以该方法的发明者奥斯本命名的，引导主体在创造过程中对照9个方面的问题进行思考，以便启迪思路、开拓思维想象的空间、促进人们产生新设想、新方案的方法，主要面对9个大问题：能否他用、能否借用、能否改变、能否扩大、能否缩小、能否替代、能否调整、能否颠倒、能否组合。如表2-1所示。

表2-1　奥斯本检核表项目

检核项目	含义
1.能否他用	现有的事物有无其他的用途，保持不变能否扩大用途；稍加改变有无其他用途
2.能否借用	能否引入其他的创造性设想；能否模仿别的东西；能否从其他领域、产品、方案中引入新的元素、材料、造型、原理、工艺、思路
3.能否改变	现有事物能否做一些改变，如：颜色、声音、味道、式样、花色、音响、品种、意义、制造方法；改变后效果如何
4.能否扩大	现有事物可否扩大适用范围；能否增加使用功能；能否添加零部件；能否延长它的使用寿命，增加长度、厚度、强度、频率、速度、数量、价值
5.能否缩小	现有事物能否体积变小、长度变短、重量变轻、厚度变薄以及拆分或省略某些部分（简单化），能否浓缩化、省力化、方便化、短路化
6.能否替代	现有事物能否用其他材料、元件、结构、力、设备、方法、符号、声音等代替
7.能否调整	现有事物能否变换排列顺序、位置、时间、速度、计划，内部元件可否交换
8.能否颠倒	现有的事物能否从里外、上下、左右、前后、横竖、主次、正负、因果等相反的角度颠倒过来用
9.能否组合	能否进行原理组合、材料组合、部件组合、形状组合、功能组合、目的组合

（一）实施过程

其基本做法是：

第一，选定一个需要改进的产品或方案。

第二，面对一个需要改进的产品或方案，或者面对一个问题，从下列角度提出一系列的问题，并由此产生大量的思路。

第三，根据第二步提出的思路，进行筛选和进一步思考、完善。

（1）可以他用吗（可以将该产品或方案的原理、结构、材料、成分、思路等用于其他地方吗）？

（2）可以借用吗（是否能够从其他领域、产品、方案中引入新的元素，新的材料、新的造型、新的原理、新的工艺、新的思路，以改进现有的方案或产品）？

（3）可以改变吗（可以改变产品的名词、动词、形容词属性和特征，以实现改进吗）？

（4）可以扩大吗（是否能够增加一些元素，或者使现有的元素的数值增加，比如新的材料、色彩、加大）？

(5) 可以缩小吗（是否能够通过缩小某一要素的数值，比如长度、体积、大小、容量，或者减少一部分成分，来实现改进）？

(6) 可以替代吗（是否能够用其他东西或替代现有的产品、方案或其中一部分）？

(7) 可以调整吗（现有事物能否变换排列顺序、位置、时间、速度、计划、型号；内部元件可否交换）？

(8) 可以颠倒吗（能否在程序、结构、方向、方位、上下、左右等方面逆反，以实现更好的效果）？

(9) 可以组合吗（能否把现有的产品或方案，与其他产品或方案组合起来，以形成新的思路）？

（二）应用举例

对照奥斯本检核表法的实施过程，在手电筒创新中可以提出一系列创新问题，最终可以确定创新的立足点（表2-2）。

表2-2 手电筒的创新思路

检核项目	引出的发明
1.能否他用	其他用途：信号灯、装饰灯
2.能否借用	增加功能：加大反光罩，增加灯泡亮度
3.能否改变	改一改：改灯罩、改小电珠和用彩色电珠等
4.能否扩大	延长使用寿命：使用节电、降压开关
5.能否缩小	缩小体积：1号→2号→5号→7号→8号→纽扣电池
6.能否替代	代用：用发光二极管替代小电珠
7.能否调整	换型号：两节电池直排、横排、改变式样
8.能否颠倒	反过来想：不用干电池的手电筒，用磁电机发电
9.能否组合	与其他组合：带手电收音机、带手电的钟等

（三）奥斯本检核表法评价

利用奥斯本检核表法，可以产生大量的原始思路和原始创意，它对人们的发散思维，有很大的启发。当然，运用此方法时，需要注意几个问题。奥斯本法还要和具体的知识经验相结合；它只是揭示了思考的一般角度和思路，思路的发展，还要依赖人们的具体思考；还要结合改进对象（方案或产品）来进行思考。运用此方法，还可以自行设计大量的问题来提问。提出的问题越新颖，得到的结论越有创意。

奥斯本检核表法的优点很突出，它使思考问题的角度具体化了。但它也有缺点，它只是改进型的创意产生方法，必须先选定一个有待改进的对象，然后在此基础上设法加以改进。它不是原创型的，但有时候，也能够产生原创型的创意。比如，把一个产品的原理引入另一个领域，就可能产生原创型的创意。

> **拓展阅读**
>
> **通用汽车公司的检查单**
>
> 检查单法在不少企业，已将它应用于管理领域。例如，通用汽车公司的职工就都持有为开发创造性而采用的检查单，其训练内容是：
>
> （1）为了提高工作效率，不能利用其他适当的机械吗？
> （2）现在使用的设备有无改进的余地？
> （3）改变滑板，传送装置等搬运设备的位置或顺序，能否改善操作？
> （4）为了同时进行各种操作，不能使用某些特殊的工具或夹具吗？
> （5）改变操作顺序能否提高零部件的质量？
> （6）不能用更便宜的材料代替目前的材料吗？
> （7）改变一下材料的切削方法，不能更经济地利用材料吗？
> （8）不能使操作更安全吗？
> （9）不能除掉无用的形式吗？

四、六顶思考帽法

六顶思考帽是英国学者爱德华·德·博诺博士开发的一种思维训练模式，或者说是一个全面思考问题的模型。思考是人类最根本的资源，我们对思考方法的追求永无止境。思考最大的障碍在于混乱，我们总是试图同时做太多的事情，情感、信息、逻辑、希望和创造性都蜂拥而来，如同抛掷太多的球。六顶思考帽所强调的是一个非常简单的概念，它只允许思考者在同一时间内只做一件事情，思考者要学会将逻辑与情感、创造与信息等区分开来，这就是六顶思考帽法。六顶思考帽法的最大价值就在于它们非常利于思考。

（一）六顶思考帽分类

所谓六顶思考帽，是指使用六种不同颜色的帽子代表六种不同的思维模式（图2-11）。任何人都有能力使用以下六种基本思维模式。

图2-11 六顶思考帽

1. 白色思考帽

白色代表中性和客观。白色思考帽思考的是客观的事实和数据。

2. 绿色思考帽

绿色是草地和蔬菜的颜色,代表丰富、肥沃和生机。绿色思考帽指向的是创造性和新观点。

3. 红色思考帽

红色代表情绪、直觉和感情。红色思考帽提供的是感性的看法。

4. 黑色思考帽

黑色代表冷静和严肃。黑色思考帽意味着小心和谨慎。它指出任一观点的风险所在。

5. 黄色思考帽

黄色代表阳光和价值。黄色思考帽是乐观、充满希望的积极思考。

6. 蓝色思考帽

蓝色是冷色,也是高高在上的天空的颜色。蓝色思考帽是对思考过程和其他思考帽的控制和组织。

六顶思考帽是一个操作简单、经过反复验证的思维工具,它给人以热情、勇气和创造力,让每一次会议、每一次讨论、每一份报告、每一个决策都充满新意和生命力。这个工具能够帮助人们:

(1)提出建设性的观点。

(2)聆听别人的观点。

(3)从不同角度思考同一个问题,从而创造高效能的解决方案。

(4)用"平行思维"取代批判式思维和垂直思维。

(5)提高团队成员集思广益的能力。

(二)应用步骤

下面以使用"六顶思考帽"来考虑我们工作中存在的问题为例,简要介绍一下六顶思考帽法的应用步骤。

(1) 运用"白色思考帽"来思考、收集各环节的信息，汇总各个部门存在的问题，获得基础数据。

在"戴"白帽的时候，需要个人（或大家）对问题的现状进行具体描述，对应于"问题分析与解决"中的"把握现状"。

配合工具：①5W2H分析法；②行为描述；③图表；④KPI指标。

(2) 戴上"绿色思考帽"，用创新思维来考虑这些问题，不是一个人思考，而是各层次管理人员都用创新的思维去思考，大家提出各自解决问题的办法、好的建议、好的措施。也许这些方法不对，甚至无法实施，但是，运用创新思考方式就是要跳出一般的思考模式。

(3) 戴上"红色思考帽"，从经验、直觉上对已经过滤的问题进行分析、筛选，做出决定。

在思考过程中，还应随时运用"蓝色思考帽"对思考的顺序进行调整和控制，甚至有时还要刹车。

(4) 分别戴上"黄色思考帽"和"黑色思考帽"，对所有的想法从"光明面"和"良性面"进行逐个分析，对每一种想法的危险性和隐患进行分析，找出最佳切合点。"黄色思考帽"和"黑色思考帽"这两种思考方法，就好像是孟子的性善论和性恶论，都能进行否决或都能进行肯定。

黑色帽子代表"风险和问题"，就是让大家专注缺陷、思考存在的问题，对应于"问题分析与解决"中的"发现问题"。

配合工具：①在发现问题阶段的"望闻问切"诊断法；②在制定方案时的"风险识别与应对"表。

(5) 蓝色帽子代表"管理调控"，在思考时可以掌控其他五项帽子，作为主持人需要"戴"这顶帽子，引导大家进行有逻辑的思考，对应于"问题分析与解决"中的各项步骤。

配合工具：问题分析与解决八步法。

六顶思考帽法的应用实例

1996年，欧洲最大的牛肉生产公司ABM公司由于疯牛病引起的恐慌一夜之间丧失了80%的收入。借助六项思考帽，12个人用60分钟想出了30个降低成本的方法和35个营销创意，将它们用黄色帽子和黑色帽子归类，筛选掉无用的后还剩下25个创意。靠着这25个创意，ABM公司度过6个星期没有收入的艰苦卓绝的日子。

全球最大的保险公司 Prudential（保德信）长期运用六项思考帽法，其总部的地毯就是用彩色的"六项思考帽"图案编织而成。Prudential 保险公司运用爱德华·德·博诺的思维方法把传统的人寿保险投保人死亡后支付保险金改革为投保人被确诊为绝症时即可拿到保险金。这种方法目前已经被许多国家的保险公司效仿，被认为是人寿保险业120年来最重要的发明。

六项思考帽法曾经还拯救了奥运会的命运，1984年洛杉矶奥运会的主办者就是运用了"六项思考帽"的创新思维，使奥运会从烫手山芋变成了今天的炙手可热，并且获得了1.5亿美元的盈利。2002年5月，爱德华·德·博诺曾应邀来中国为北京奥运组委会官员做"六项思考帽"培训，当时中国媒体曾为"六项思考帽"的神奇惊呼，并尊称爱德华·德·博诺为"创新思维之父"。

五、综摄法

综摄法是美国麻省理工大学戈登教授提出的一种典型的创意构思方法。它以已知事物为媒介，将毫无关联且不同的知识和要素结合起来，以打开"未知世界门扉"，激起人们的创造欲，使潜在的创造力得以发挥，产生众多创造性设想。

为了变熟悉为陌生，必须改变、逆转或转换通常那种给人们可靠的、熟悉的感觉和思考问题的方式。

——（美）戈登

（一）综摄法的基本规则

以已知的东西为媒介，将毫无关联、完全不同的知识要素结合起来，经过分门别类的整理归纳，可以摄取高质量的创造性设想。实现综合创新要遵循"异质同化"和"同质异化"两个基本原则。

1. 规则一：同质异化——变熟悉为陌生

这就是要用陌生的眼光看待熟悉的事物，达到利用与以往的观点和角度完全不同的观点和角度来观察已知的事物，找出已知事物的新性质、新用途、新功能、新结构、新结合等。

拓展阅读 　　　　　橡胶轮胎的改进

在邓禄普对轮胎进行改进以前,无论橡胶轮胎是软还是硬,车上的乘客都不会感到舒服,因为橡胶是被直接裹在车轮上的。邓禄普决定改进,他将橡胶轮胎(熟悉的)与足球(陌生的)进行类比,得到启发:如果橡胶轮胎能像足球一样,使橡胶轮胎中充满气效果是否不一样?结果,邓禄普轮胎就这样诞生了。

2.规则二:异质同化——变陌生为熟悉

变陌生为熟悉,是一种设法把自己初次接触到的事物或新的发现联系到自己早已熟悉的事物中去的思维方式。

是把陌生的事物看成熟悉的事物,用熟悉的观点和角度认识陌生事物,认为陌生的事物具有与熟悉事物同样的性质、功能、构造、用途等,从而达到把陌生事物熟悉化,把陌生问题转为熟悉问题,得到关于新事物的创造构思。

变陌生为熟悉,就是要了解问题,查明问题的主要方面以及各个细节,以下是两种常见的误解:

一是认为创造性主要体现在解决问题阶段,而把了解问题阶段忽略了;

二是由于在分析问题、了解问题,变陌生为熟悉的过程中,会产生各种小的发现和得到一些比较肤浅的答案,因此,人们往往把这个了解问题的阶段误认作解决问题的阶段。

拓展阅读 　　　　能在水下自由行驶的潜水器

瑞士著名的科学家皮卡德原是从事大气平流层研究的专家,他设计的平流层气球能飞到15690米的高空。后来他转向对深水潜水器进行研究,并运用直接类比的思想创造出世界上第一艘能在水下自由行驶的潜水器。

以前的潜水器靠一根钢缆吊入海水中,不能自行浮出水面,也不能在海底自由行动,同时潜水深度也受到钢缆强度的限制,一直无法突破2000米大关。

海和天虽然是两个完全不同的概念,但它们也存在一定的共性,海水与空气都是流体。皮卡德把平流层气球的原理(熟悉的)类比到自由升降的潜水器(陌生的)设计上,认为如果在潜水器上加一个浮筒,就能让潜水器在海水中自行上浮下沉。于是，他设计了一只由钢制潜水球和船形浮筒组成的潜水器。在潜水球中放入铁砂作为压舱用，借助铁砂的重力使潜水器下沉。同时，在浮筒中加满比海水轻的汽油，为潜水器提供浮力。如果要它浮上来，只要将压舱内的铁砂抛入海中，借助浮筒的浮力就能使潜水器再度升至海面。再加上一些动力装置，就可实现潜水器在任意深度的海洋中自由行驶。皮卡德父子也因此被誉为"能上天入海的科学家"（图2-12）。

图2-12　皮卡德父子

（二）综摄法的实施

1. 与会人员的确定

组成人员的要求：具备经常运用、熟练掌握类比思维方法的能力。

年龄：最好在25～40岁。

品质：有互相帮助的品格、有积极配合的团队意识、有一定的抽象概括能力、对组织以及组织的目标忠诚。

会议规模及要求：5～8人；其中包含主持人1名，与讨论问题相关的专家1名，各科学领域的专业人士3～6名，这是这种方法所要求的基本组合。

（1）主持人。主持人的选择对方法的实施十分重要。

主持人素质的要求：有相当丰富的技巧和策略，要让成员的能力都能得到充分的发挥；在专家受到组员意见的顿悟，显示出要进行积极思考时，主持人还应把握好时机向专家交代清楚问题。

主持中的要求：不介入有关内容的讨论，仅指导过程的展开和进展；不操纵小组，不霸占全场，不介入小组成员间的竞争，努力成为倾听者，能充分调动成员的积极性，使其保持旺盛的精力。

对主持人要求十分高，通常需要经过专门的培训。

（2）专家。小组中至少要有1名专家，且必须是所讨论问题方面的专家。

专家的任务：讨论之初，说明问题，让组员了解问题的背景以及现状等关键因素；讨论过后，与主持人一起对应该达到的目标进行研究，同时广泛听取其他组员的意见；在目标确定后，从组员提出的设想中提取具有启示性的要素，激发自己的创意。专家在组员的帮助下提出创意！

运用综摄法提方案是为了解决实际的问题，因此要求专家具有一定能力或权威，能让小组集思广益得到的方案付诸实施，这样才能让成员有满足感、成就感。同时在此过程中，专家还应该明确自己的期望目标是什么。

(3) 其他成员。其他成员的知识背景最好和会议主题没有多大的关系。可邀请社会学、心理学、人类学、市场学等方面的专家，以及熟悉物理、化学、生物、通信或电子等技术的人，以此摆脱思维惯性。

这样组成成员的目的：各自运用不同的专业知识提出想法，又可以互相激发创造性思维。如果成员中有几位思路开阔、善于提出奇妙想法的成员，那就更好。

要求：成员间应互相鼓励、彼此支持，可以在适当的时候给予赞美，这将极大地提升小组的工作成效。

2. 应用操作步骤

综摄法是一个流程化的方法，其操作步骤如图2-13所示。

(1) 提出问题。提出待解决的问题，可由小组成员提出；也可来自外界，通过主持人宣读。

(2) 专家分析。主持人提出问题后，专家先对该问题进行解释和概要分析。由于组员不是该问题的专家，故无须详细说明。

(3) 净化问题。首先，小组成员逐一谈想法，提交专家进行评价；其次，专家进行评判，此时专家会尽力对引出的观点做出判断和评论，通常会解释为什么有的方法从他的角度看是不合适的，存在哪些问题；最后，专家记录，专家将十分新颖且具有启发性的观点全部记录，并做好标记。这一步的目的是用来进一步厘清问题，同时消除前两步所隐含的僵化、肤浅的解决办法。

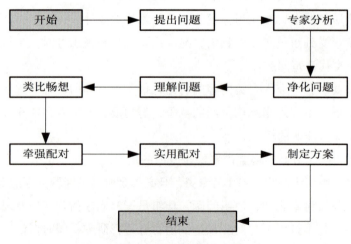

图2-13 综摄法操作步骤

(4) 理解问题。从选择问题的某一部分入手。每一个参与者都要（尽可能利用类比法中所包含的多种思维形式）描述他所感知的问题，写下一种或多种见解，或者以期望性、理想化的语言对问题进行再定义。

主持人鼓励组员畅所欲言并记录其观点,然后选择一位成员与专家再进行详细分析。

(5)类比畅想。这一步可以被视作一次远离问题的"假日",是综摄法的关键所在。该步骤使用类比来获得解决问题的方案。

首先,主持人提出一些需要或激发类比性答案的问题。

其次,小组成员用直接类比、因果类比、幻想类比等类比法进行创造性思考,提出具体的类比想法。

最后,主持人从众多具体的类比想法中选择一种来进行详细分析或阐释。此时选择哪一种类比想法是关键!比较典型的做法是,主持人依据其与问题的相关性,小组成员对使用的类比方法的熟悉程度和兴趣,以及与此相关的知识储备来进行遴选。要求主持人要熟悉组员的知识背景。

(6)牵强配对。这一步通常有两种做法:第一种做法是把类比畅想(第五步)与理解问题(第四步)牵强地进行配对。在这种情况下,通常会激发产生极具创造性的想法;第二种做法是把两种元素牵强地联系在一起,同时尽其所能幻想,将二者联系起来。

无论采取哪种做法,小组成员都需要围绕问题与类比展开讨论和研究,直到发现解决问题的新途径。

(7)实用配对。在此阶段,要有效结合解决问题的目标,对之前开发出的类比案例进行深入研究,从类比的案例中找出更明确、详尽的启示。例如,浙江一家机械厂为贵州一家食品厂安装蛋卷机,轧出的蛋卷容易碎裂。几经调试后,问题还是没能得到解决,且并未检查出机器本身有什么毛病。后来发现贵州比东部沿海地区要干燥很多。进而,又想到丝绸厂在车间里喷洒水汽,以保持一定湿度。类比在生产蛋卷的车间里也喷洒一些水汽来保持湿度,最后取得了成功。由此可见,这位技术人员在丝绸厂的断丝情况和食品厂的蛋卷碎裂情况之间找到了因果类比关系,创造性地解决了问题。

(8)制定方案。使用综摄法要最终形成对问题的新观点和解决方法。为了制定完整的解决方案,充分发挥专家的作用,把创意构思转化为对问题的解决方案。

(三)综摄法的适用范围

(1)适用于要寻求创新,或想得到创造性方案的情况。

(2)适用于产品开发,且创新收效较大。

(3)适用于社会领域。如美国产业界和学术界的成员们就曾经利用这种方法研究"怎样分配政府预算"的问题。

总之，综摄法作为一种创意构思方法，在新产品开发、现有产品改进设计、广告创意以及社会问题解决等方面都得到了广泛的应用。

拓展阅读

电杆问题的解决

某收发设备公司参加一个军事接收天线的竞标，要求：天线在零下40℃能正常使用。由于该公司所在地很少见到雪，因此公司设计了一种质量较轻的电杆，却遗忘了一个因素：天线因积雪结冰会变得超重，从而导致承载天线的杆子向下弯曲或折断。但军方考虑到重量的原因（电杆应该轻便，三个士兵要能携带和运送），初步采用其方案，仍要改进。实际上，他们设计的杆子要想防止断裂，质量必须再增加一倍，公司为此陷入两难的境界，如图2-14所示。

为了解决这一难题，项目负责人决定召开"综摄法"会议，以商讨解决对策。经过前期头脑风暴式思考，收集到增加加强肋、可拆卸套管结构、冰冻等多个想法。当听到冰冻时，其中一人结合自身经验，产生了在原有设计基础上使电杆表面结冰的念头。针对这一想法，展开热烈讨论。经集体努力，最终得出创造性方案——在原方案不变的基础上，给杆子创造一个粗糙的表面。

这样，杆子重量依然较轻，便于装卸及运输。而在安装后，当积雪使得天线重量增加的同时，杆子粗糙的表面也会因积雪而在其四周粘上冰层，冰包起来的电杆完全可以承受携有冰雪负载的天线。这样，一个动态变化的电杆诞生了，如图2-15所示。

图2-14 天线设计者面临两难选择
此杆轻便但不结实
此杆坚硬但笨重

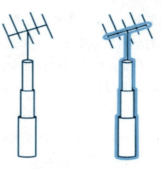

图2-15 天线问题的解决方案
轻便、易移动的天线
冰层可增加天线杆强度

六、5W2H分析法

发明者以5个以W开头的英语单词和2个以H开头的英语单词进行设问，发现解决问题的线索，寻找发明思路，进行设计构思，从而获得新的发明项目，这就叫5W2H法。5W2H分析法又称七何分析法，是二战中美国陆军兵器修理部首创的，它具有简单、方便，易于理解、使用的特点，富有启发意义，广泛用于企业管理和技术活动，对于决策和执行性的活动措施也非常有帮助，有助于弥补考虑问题的疏漏。

（一）5W2H分析法的具体内容

5W2H分析法如图2-16所示。

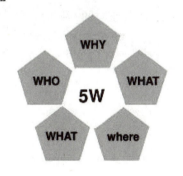

图2-16　5W2H分析法

1. 5 W 的内容

（1）why——为什么？为什么要这么做？理由何在？原因是什么？

（2）what——是什么？目的是什么？做什么工作？

（3）where——何处？在哪里做？从哪里入手？

（4）when——何时？什么时间完成？什么时机最适宜？

（5）who——谁？由谁来承担？谁来完成？谁负责？

2. 2 H 的内容

（1）how——怎么做？如何提高效率？如何实施？方法怎么样？

（2）how much——多少？做到什么程度？数量如何？质量水平如何？费用产出如何？

（二）5W2H法的应用程序

下面以检查原产品的合理性为例，说明5W2H法的应用程序。

1.检查原产品的合理性

(1) 为什么（why)？

为什么采用这个技术参数？为什么不能有响声？为什么停用？为什么变成红色？为什么要做成这个形状？为什么采用机器代替人力？为什么产品的制造要经过这么多环节？为什么非做不可？

(2) 做什么（what)？

条件是什么？哪一部分工作要做？目的是什么？重点是什么？与什么有关系？功能是什么？规范是什么？工作对象是什么？

(3) 谁（who)？

谁来办最方便？谁会生产？谁可以办？谁是顾客？谁被忽略了？谁是决策人？谁会受益？

(4) 何时（when)？

何时要完成？何时安装？何时销售？何时是最佳营业时间？何时工作人员容易疲劳？何时产量最高？何时完成最为适宜？需要几天才算合理？

(5) 何地（where)？

何地最适宜某物生长？何处生产最经济？从何处买？还有什么地方可以做销售点？安装在什么地方最合适？何地有资源？

(6) 怎样（how to)？

怎样做省力？怎样做最快？怎样做效率最高？怎样改进？怎样得到？怎样避免失败？怎样求发展？怎样增加销路？怎样提高效率？怎样才能使产品更加美观大方？怎样使产品用起来方便？

(7) 多少（how much)？

功能指标达到多少？销售多少？成本多少？输出功率多少？效率多高？尺寸多少？重量多少？

2.找出主要优缺点

如果现行的做法或产品经过七个问题的审核已无懈可击，便可认为这一做法或产品可取。如果七个问题中有一个答复不能令人满意，则表示这方面有改进余地。如果哪方面的答复有独创的优点，则可以扩大产品这方面的效用。

3.决定设计新产品

克服原产品的缺点，扩大原产品独特优点的效用。

这样的"5W2H"的思维方式，换种说法，就是管理的精确化、数字化，这不只限于执行工作指令时有用，还可以运用到管理的一切方面。在做任何事情的时候，头脑中都有如此精确化、数字化的概念，才能避免在工作中的盲目冲动或感情用事。比如在审查一个改善方案是否有实施价值的时候，只要做一个"5W2H"的比较评价，立刻就会明白是否值得去做。

项目实训

实训一

阅读下面材料，谈谈你从中获得的启示

有一种鱼叫作狗鱼。狗鱼很富有攻击性，喜欢攻击一些小鱼。科学家做了这样一个实验：把狗鱼和小鱼放在同一个玻璃缸里，在二者中间隔上一层透明玻璃。狗鱼一开始就试图攻击小鱼，但是每次都撞在玻璃上。慢慢地，它放弃了攻击。

后来，实验人员拿走了中间的玻璃，这时狗鱼仍没有攻击小鱼的行为——这个现象被叫作狗鱼综合征。

实训二

练习题

1.在"日"字上添加一笔，可以使之成为一个新的汉字。这样的汉字一共有11个，请把它们一一找出来。

2.下面是一些考察创新思维的趣味题目，请尝试解答：

（1）一个长方形透明容器，装满了水，容器上没有刻度，在不使用其他任何工具的情况下，如何将其中的水去掉一半？

（2）现有21个人，要求每5个人为一列排成6列，请问：应该怎么排列？

（3）现在需要种植4棵树，要求4棵树两两距离相等，请问：应该怎样栽种？

（4）试将图1中的图形分为4份，要求每份都包含4个完整的小方块且形状相同（注：一共有5种分法）。

（5）用4条直线段连接图2中的9个点。要求：笔尖不能离开纸面。

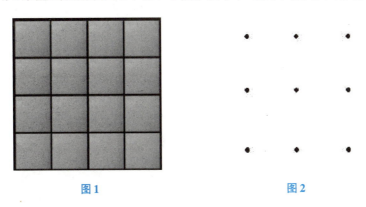

图1　　　　　　　　　　图2

本章小结

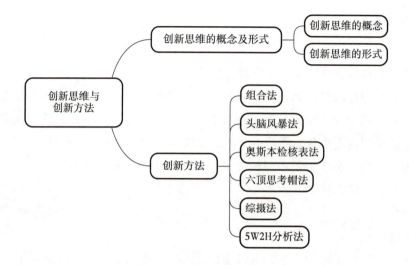

思考与练习

1. 请简述创新思维的概念。
2. 以小组为单位,讨论以下内容:
(1)结合自身体会,谈谈对各种创新思维形式的认识。
(2)结合自身体会,谈谈对头脑风暴法的认识。

项目三
创业机会与创业风险

/ 内容提要 /

创业机会与创业风险总是相伴而行的。创业者应尽可能识别创业机会中可能蕴含的风险,并制定相应的风险防范措施,这有利于创业机会的价值最大化,从而实现创业目标。本章将详细阐述创业机会与创业风险的相关知识,以帮助创业者识别与评价创业机会,防范创业风险。

/ 学习目标 /

知识目标
- 理解创业机会的概念、特征与分类
- 熟悉创业机会识别与评估的方法
- 理解创业风险的概念与分类
- 掌握创业风险的防范措施

能力目标
- 能够识别与合理评估身边的创业机会
- 能够识别创业过程中的常见风险
- 能够针对创业过程中的常见风险提出应对措施

素质目标
- 培养创业风险的防范意识

引导案例

刘强东的大学创业经历

1993年，刘强东迷上了电脑编程，经常是在机房睡到早晨再去上课。学会编程的刘强东给老家的政府部门编了一套电力管理系统，给沈阳的快餐店编了一套餐饮管理系统，赚了不少外快。

1995年，刘强东盘下了学校附近的一个餐厅，做起了连锁餐饮的梦。但由于他的放权，采购的师傅、服务员变着法贪钱。最后，仅仅两个月，刘强东就关了餐馆，总计亏损了20多万元。

1996年7月，刘强东从中国人民大学毕业并获得社会学学士学位。毕业后，为了还债，刘强东进入日资企业深圳日宝来福磁性健康用品有限公司（以下简称日宝来福）工作。

日宝来福是中国传销界的"始祖"，当时传销是一个新商业模式，国家并未查禁。日宝来福主要产品就是传销界鼎鼎有名的日宝来福磁性床垫。想要加入，必须用1.5万元买1张实际价值仅3000元的日宝来福床垫。

1996—1997年，传销在国内疯狂发展时，日宝来福月营业额达10亿元。1997年4月，中国政府对传销下达"通杀令"，5个月后日宝来福崩溃。折腾了一圈，刘强东依旧一穷二白。

1998年，考察了两个月的刘强东拿着1.2万元积蓄赶赴中关村，租了一个小柜台，售卖刻录机和光碟。柜台名叫"京东多媒体"，注册了"北京京东世纪商贸有限公司"。其实，说白了，当时的京东就是摆摊儿卖VCD光盘刻录机。但这就是京东的前身。图3-1所示为刘强东演讲现场。

2004年1月1日，京东多媒体网站正式上线。同年年底，刘强东下定决心关闭所有线下店面，转型为一家专业的电子商务公司。

图3-1　刘强东演讲现场

2005年，淘宝在电商市场中所占有的份额高达70%，而此时的京东才刚刚起步，并且还缺少运转的资金。为了能够更好地维持京东的发展，刘强东多次向外拉拢投资，但是当时的投资者对于京东这样一家默默无闻的电商并不看好，所以刘强东的融资均以失败告终。

2009年，刘强东和张磊在一次行业论坛上相识，张磊这个人是具有一定投资眼光的，当时就意识到中国电商领域不可能一直由淘宝把控。再加上与淘宝相比，京东确实存在一定的可取之处，所以在2010年，张磊向京东投资了3亿美金。

随后的2011年、2012年和2013年，保持着一年一轮融资节奏的京东，每一轮都把大笔钱花在物流上，投入超过80亿元。京东物流开始在全国各地布局物流中心，并在2013年建成了1000个配送站，推出了"极速达"服务。

2014年，京东位于上海的"亚洲一号"投入运营，这是京东第一座具备较高自动化水平的大型智能仓库，也是京东物流的旗舰工程，大幅提升了京东物流的配送时效。

截至2020年12月31日，京东物流运营仓库900多个，配送员工人数超19万，总管理面积约2100万平方米，几乎覆盖中国所有的地区。

任务一　创业机会

一、创业机会的概念与特征

创业机会是指在市场经济条件下，社会经济活动过程中形成和产生的一种有利于企业经营成功的因素，是一种带有偶然性并能被经营者认识和利用的契机。

创业机会具有以下特征。

1. 普遍性

凡是有市场、有经营的地方，客观上就存在着创业机会。创业机会普遍存在于各种经营活动过程之中。

2. 偶然性

对一个企业来说，创业机会的发现和捕捉带有很大的不确定性，任何创业机会的产生都有"意外"因素。

3. 消逝性

创业机会存在于一定的时空范围之内，随着产生创业机会的客观条件的变化，创业机会就会相应地消逝或流失。

> **拓展阅读** 创业机会与商业机会
>
> 创业机会的独特性就在于它能经由重新组合资源来创造一种新的目的-手段关系，是一种独特的商业机会。奥地利经济学派认为创业机会与商业机会的根本区别在于利润或价值创造潜力的差异，创业机会具有创造超额利润的潜力，而商业机会只可能改善现有的利润水平。
>
> 一方面，创业机会与商业机会并不存在严格的界限，我们强调二者的差异，目的是要关注机会的价值，突出创新；另一方面，并非只有把握创业机会才能创业，把握有利可图的商业机会也能创业，并给社会创造财富。

二、创业机会的分类

（一）按创业机会的来源分类

按创业机会的来源，创业机会可分为问题型机会、趋势型机会和组合型机会。

1. 问题型机会

问题型机会是指由现实中存在的未被解决的问题所产生的创业机会。问题型机会在人们的日常生活和企业实践中大量存在，例如顾客的抱怨、大量的退货、无法买到称心如意的商品、服务质量差等。在这些问题的解决中，会存在着价值或大或小的创业机会，需要用心发掘。

2. 趋势型机会

趋势型机会是指在变化中看到未来的发展方向，预测到未来的潜力和机会，这种机会一般容易产生在重要领域改革或时代变迁的时期。在这种环境下，各种新的变革不断出现，但往往不被多数人所认可和接受，一般处于萌发阶段。能够及早地发现并把握住这种机会的人，就有可能成为未来趋势的先行者和领导者。

3. 组合型机会

组合型机会是指将现有的两项以上的技术、产品、服务等因素组合起来，实现新的用途和价值而获得的创业机会。这种机会好比"嫁接"，对已经存在的多种因素进行重新组合，往往能实现与过去功能大不相同或者效果倍增（1+1>2）的局面。

（二）按目的-手段关系的明确程度分类

按目的-手段关系的明确程度，创业机会可分为识别型机会（目的-手段关系明确)、发现型机会（目的-手段关系有一方不明确）和创造型机会（目的-手段关系均不明确）三种，如表3-1所示。

表3-1 创业机会按目的-手段关系的明确程度进行分类

目的	手段	
	明确	不明确
明确	识别型机会	发现型机会
不明确	发现型机会	创造型机会

1. 识别型机会

识别型机会是指市场中的目的-手段关系十分明确时，创业者可通过目的-手段关系的连接来辨识机会。例如，当商品供求之间出现矛盾或冲突，不能有效地满足需求时，就会出现大量的创业机会。常见的问题型机会大多属于这一类型。

2. 发现型机会

发现型机会是指目的或手段任意一方的状况未知，等待创业者去发掘机会。例如，一项技术被开发出来，但尚未有具体的商业化产品出现，因此需要通过不断尝试来挖掘出市场机会。

3. 创造型机会

创造型机会是指目的和手段皆不明确，因此创业者要比他人更具先见之明，才能创造出有价值的市场机会。在目的和手段都不明确的情况下，创业者想要建立连接关系的难度非常高。但这种机会通常可以创造出新的目的-手段关系，这将为创业者带来巨大的利润。

在商业实践中，识别型、发现型和创造型三种类型的创业机会可能同时存在。一般来说，识别型机会多处于供求尚未均衡的市场，创新程度较低，这类机会并不需要太繁杂的辨别过程，反而强调拥有较多的资源，就可以较快进入市场获利。而把握创造型机会就非常困难，它依赖于新的目的-手段关系，而创业者往往拥有的专业技术、信息、资源等都相当有限，更需要创业者的创造性资源整合与敏锐的洞察力，同时还必须承担巨大的风险。发现型机会最为常见，也是目前大多数创业者研究的对象。

三、创业机会的来源

创业机会从何而来，这个问题很重要，但难以阐述清晰。在众多观点的基础上，我们认为美国凯斯西储大学谢恩教授的观点比较有代表性。谢恩教授提出了产生创业机会的四种变革，分别是技术变革、政治和制度变革、社会和人口结构变革、产业结构变革。

（一）技术变革

技术变革可以使人们去做以前不可能做到的事情，或者更高效地去做以前只能用不太有效的方法去做的事情。新技术的出现也改变了企业之间的竞争模式，使得创办新企业的机会大大增加。例如，网络电话协议技术使得传统的资本密集型的电话业务转变为一种只需要少量资金就可推行的业务，为那些资本缺乏的创业者提供了新的机会。

（二）政治和制度变革

政治和制度变革革除过去的禁区和障碍，或者将价值从经济因素的某一部分转移到另一部分，或者创造了更大的新价值。例如，环境保护和治理政策出台，会将那些污染严重、对环境破坏大的企业的资源，转移到推进生态文明建设的创业机会上来；专利技术的严格执行，通过专利费用的形式将价值转移到拥有专利的大企业，使得那些缺乏核心技术的企业从品牌企业沦为加工厂或破产倒闭。

（三）社会和人口结构变革

社会和人口结构变革，就是通过改变人们的偏好和创造以前并不存在的需求来创造机会。例如，西方国家的情人节、母亲节等诸多节日正在逐渐影响中国人的生活，因而创造了许多新的创业机会或价值增值。

（四）产业结构变革

产业结构变革是指因其他企业或者为主体顾客提供产品或服务的企业消亡，抑或是企业吞并、互相合并等原因而使行业结构发生变化，进而改变行业中的竞争状态。产业结构变革会影响创业机会。

拓展阅读 德鲁克提出的创新机遇的七种来源

1. 意外之事

（1）意外的成功。与其他成功方式相比，意外的成功能提供更多创新的机遇，而且，它所提供的创新机遇风险最小，求索的过程也最不艰辛。但意外的成功几乎完全被忽视，更糟糕的是，管理人员往往积极地将其拒之门外。

（2）意外的失败。与成功不同的是，失败不能够被拒绝，而且几乎不可能不受注意。但是它们很少被看作是机遇的征兆。当然，许多失败都是失误，是贪婪、愚昧、盲目追求或者是设计、执行不力的结果。但如果经过精心设计、规划及小心执行后仍然失败，那么这种失败常常反映了隐藏的变化,以及随变化而来的机遇。

2. 不协调

所谓"不协调"是指事物的状态与事物"应该"的状态之间,或者事物的状态与人们假想的状态之间的不一致、不合拍。也许我们并不了解其中的原因,事实上,我们经常说不出个所以然来。但不协调是创新机遇的一个征兆。引用地质学的术语来说,它表示下面有一个"断层",这样的断层提供了创新的机遇。它产生了一种不稳定性,四两可拨千斤,稍做努力即可促成经济或社会形态的重构。

3. 程序需要

与意外之事或不协调一样,创新机遇也存在于一个企业、一个产业或一个服务领域的程序之中。程序需要与其他创新来源不同,它并不始于环境中(无论内部还是外部)的某一件事,而是始于需要完成的某项工作。它是以任务为中心,而不是以状况为中心的。它是完善一个业已存在的程序,替换薄弱的环节,用新知识重新设计一个旧程序等。

4. 产业和市场结构

产业和市场结构有时可持续很多年,从表面上看非常稳定。实际上,产业和市场结构相当脆弱,受到一点点冲击,它们就会瓦解,而且速度很快。产业和市场结构的变化同样也是一个重要的创新机遇。

5. 人口变化

人口变化是指人口规模、年龄结构、人口组合、就业情况、教育情况及收入的变化等。人口变化在所有外部变化中最为一目了然。它们丝毫不含糊,并且能够得出最可预测的结果。

6. 认知的变化

从数学上说,"杯子是半满的"和"杯子是半空的"没有任何区别。但是这两句话的意义却完全不同,造成的结果也不一样,如果一般的认知从看见杯子是"半满"的变为看见杯子是"半空"的,那么这里就存在着重大的创新机遇。

7. 新知识

基于知识的创新是企业家精神的"超级巨星"。它可以得到关注,获得钱财,它是人们通常所指的创新。当然,并不是所有基于知识的创新都非常重要,有些的确微不足道。但是在创造历史的创新中,基于知识的创新占有很重要的分量。然而,知识并不一定是科技方面的,基于知识的社会创新也同样重要,甚至更重要。

资料来源:中国知识管理中心

四、创业机会的识别

(一)影响创业机会识别的因素

在现实中,许多人都有创业的想法,富有创业幻想,但能否在众多的创业想法中发现真正的创业机会,并有能力抓住它,最终成为一个成功的创业者,这受到许多因素的影响。

1. 先前经验

在特定的产业中,先前经验有助于创业者识别机会,这被称为"走廊原理"。它是指创业者一旦创建企业,他就开始了一段旅程,在这段旅程中,通向创业机会的"走廊"将变得清晰可见。某个人一旦投身于某产业创业,将比那些从产业外观察的人更容易看到产业内的新机会。

2. 认知因素

机会识别可能是一项先天技能或一种认知过程。有些人认为,创业者有"第六感",使他们能看到别人错过的机会。多数创业者以这种观点看待自己,认为自己比别人"更警觉"。警觉很大程度上是一种习得性的技能,拥有某个领域更多知识的人,倾向于比其他人对该领域内的机会更警觉。例如,一位计算机工程师就比一位律师对计算机产业内的机会和需求更警觉。

3. 社会关系网络

个人社会关系网络的深度和广度影响机会识别。建立了大量社会与专家联系网络的人比那些拥有少量网络的人容易得到更多机会和创意。一项针对65家初创企业的调查发现,半数创业者认为,他们通过社会联系得到了他们的商业创意。一项类似的研究考察了独立创业者(独自识别出创业机会的创业者)与网络型创业者(通过社会联系识别机会的创业者)之间的差别,研究人员发现,网络型创业者比独立创业者能识别出更多的机会。

4. 创造性

创造性有助于产生新奇或有用的创意。从某种程度上讲,机会识别是一个创造过程,是不断反复地创造新思维过程。在听到更多奇闻轶事的基础上,你会很容易看到创造性包含在许多产品、服务和业务的形成过程中。

拓展阅读

蜜雪冰城——奶茶界的"拼多多"

当代年轻人对奶茶的热衷,让茶饮行业在近几年风头愈盛,而在纷争不断的茶饮江湖中,有一个靠摆摊儿起家的茶饮品牌,在品牌创立至今的近30年的时间里，看似默默无闻，实则一直努力扩大着自己的商业版图，并悄悄坐上了茶饮界"规模NO.1"的宝座。

蜜雪冰城初期推出定价3元一杯的柠檬水和1元一支的冰淇淋。在两大爆品的加持下，开店速度与经营规模达到前一年的3倍，营收额等于过去5年的总和。

比起喜茶、奈雪等"后起之秀"，蜜雪冰城在消费升级的浪潮抵达之前，便已经靠爆品与低价在饮品市场占据了一席之地。

为了获得更多消费者的喜欢，在对产品定价时，蜜雪冰城遵循着自己的一套商业原则：通过对产品成本的精准核算与控制，加上微量的毛利润，倒推出产品的定价，并赚取更多的品牌溢价。比如，通过对鸡蛋、牛奶和白糖等原料成本的核算与控制，即便在当年将冰淇淋的售价降为1元一支时，依然有低利润存在。

这种主打"高性价比"的定价原则，成为蜜雪冰城重要的品牌基因之一。此后的发展中，蜜雪冰城还将"高品质平价产品"作为产品定位，融入品牌文化当中。

即使是在新冠疫情期间，当头部茶饮品牌喜茶、奈雪涨价，加速了奶茶迈入"30元时代"的进程时，蜜雪冰城也依然坚持"不涨价"，成为当时一众茶饮品牌中的一股清流。

相比于喜茶、奈雪、CoCo等均价20~30元一杯茶饮的价格，蜜雪冰城的产品的确满足了多数消费能力并不高的学生党、年轻白领们的口腹之欲，以至于许多网友戏称其为"贫民窟男孩""女孩的奶茶救星"。

三四线及以下城市，人工、房租成本都相对较低，且主要依靠"熟人营销"，很大程度地节省了蜜雪冰城开店的成本，这其实与创始人张红超所遵循的商业原则是相符的。

除此之外，比起"格调""品味"等产品的附加价值，下沉市场的消费者更关注价格。

蜜雪冰城在选址时，往往会把门店扎堆开在学校周边、商业步行街、城中村、车站等客流量较大的区域，这些地方不仅利于品牌曝光，更重要的还是有大量学生党、年轻人等目标消费者聚集，易形成稳定的复购率。

单价不超过8元的奶茶、3元一支的冰淇淋，再配合店内的优惠促销活动，让消费需求高但消费能力弱的主要消费群体，在一定程度上"忽视"了价格，能消费得起但不会太"肉疼"。

因此，往下沉市场走，主打高性价比的蜜雪冰城则比其他茶饮品牌更有优势。

这也是过去几年少有人在一二线城市看到蜜雪冰城的身影,对这个已有近30年发展历程的品牌依然抱有陌生感的原因。

蜜雪冰城所采取的"农村包围城市"路线,在避开了网红茶饮品牌在一二线城市激烈厮杀的同时,还让品牌的经营规模如滚雪球般不断扩大。与拼多多不谋而合的商业模式,也是大众称其为奶茶界"拼多多"的主要原因。

而当下,正在进驻一二线城市的蜜雪冰城,在开店选址上,依然坚持自己的商业策略,仍以学校周边、步行街旁、城中村等地为重心,避开了地价贵、成本高的中心商业区,不断地扩大着自己的商业版图。

(二)识别创业机会的方法

创业者可以通过多种方法识别创业机会,这里主要归纳几种较为常用的方法。

1.通过系统分析发现机会

多数创业机会都可以通过系统分析得以发现。人们可以从企业的宏观环境(政治、经济、法律、技术等方面)和微观环境(顾客、竞争对手、供应商等)的变化中发现机会。借助市场调研,从环境变化中发现机会,是机会发现的一般规律。

2.通过问题分析和顾客建议发现机会

进行问题分析,可以首先问"什么才是最好的",一个有效并有回报的解决方案对创业者来说是识别机会的基础。这个分析需要全面了解顾客的需求,以及可能用来满足这些需求的手段。

另外,一个新的机会可能会由顾客识别出来,因为他们知道自己需要什么。这样,顾客就会为创业者提供机会。顾客的建议多种多样,他们会提出一些诸如"如果那样的话不是更好吗"之类的非正式建议。无论采用什么样的手段,一个讲究实效的创业者总是渴望从顾客那里征求想法。

3.通过创造获得机会

这种方法在新技术行业中最为常见,它可能始于拟满足的市场需求,从而积极探索相应的新技术和新知识,也可能始于一项新技术发明,进而积极探索新技术的商业价值。通过创造获得机会比其他方法获得机会的难度都大,风险也更高,但是如果成功,其回报也会更大。这种情况下所产生的创新在人类所有具有重大影响的创新中,居于压倒性的主导地位。索尼公司开发随身听(Walkman)就是一个很好的例子。索尼公司觉察到人们希望随身携带一个听音乐的设备,并利用公司微缩技术的核心能力从事项目研究,最终开发出划时代的产品——随身听,取得了巨大的成功。

五、创业机会的评估

对创业者来说，关键在于如何能够从众多机会中寻找出真正有价值的创业机会，并采取快速行动来把握机会。以上我们介绍几种可用于评价创业机会价值潜力的一般方法，掌握这些方法，有助于打算创业的学生在发现创业机会后花费较少的时间、精力和成本迅速形成对创业机会价值潜力的基本判断。

任务二 创业风险

一、创业风险的概念

风险是指一定环境、一定时间段内，影响决策目标实现的不确定性，或是某种损失发生的可能性。发生损失的可能性越大，风险就越高。它可以用不同结果出现的概率来描述，结果可能是好的，也可能是坏的。坏结果出现的概率越大，风险就越高。

创业风险是指在创业过程中，由于创业环境的不确定性，创业机会与创业企业的复杂性，创业者、创业团队的能力与实力的有限性，而导致创业活动偏离预期目标的可能性及后果。

二、创业风险的分类

（一）按产生原因分类

按风险产生原因，创业风险可分为主观创业风险和客观创业风险。

1. 主观创业风险

主观创业风险是指在创业阶段，由于创业者的身体与心理素质等主观方面的因素导致创业失败的可能性。

2. 客观创业风险

客观创业风险是指在创业阶段，由于市场的变动、政策的变化、竞争对手的出现、创业资金缺乏等客观因素导致创业失败的可能性。

（二）按影响程度分类

按风险影响程度，创业风险可分为系统创业风险和非系统创业风险。

1. 系统创业风险

系统创业风险是指源于创业者或创业企业之外的，由创业环境变化带来的风险，如产品市场风险、资本市场风险等。创业者或创业企业无法对其进行控制或施加影响。

2.非系统创业风险

非系统创业风险是指源于创业者或创业企业本身的商业活动和财务活动而引发的风险，如团队风险、技术风险、财务风险等。创业者或创业企业可以通过一定的手段进行预防和分散。

（三）按内容分类

按风险内容，创业风险可分为机会选择风险、环境风险、人力资源风险、技术风险、市场风险、管理风险、财务风险等。

1.机会选择风险

机会选择风险是指创业者由于选择创业而放弃自己原先所从事的职业，所丧失的潜在晋升或发展机会的风险。

2.环境风险

环境风险是指由于创业活动所处的社会、政治、经济、法律环境等变化，或由于意外灾害导致创业者或创业企业蒙受损失的可能性。如战争、国际关系变化或有关国家政权更迭、政策改变，宏观经济环境发生大幅度波动或调整，法律法规的修改，或者创业相关事项得不到政策许可，合作者违反契约等给创业活动带来的风险。

3.人力资源风险

人力资源风险是指由于人的因素对创业活动的开展产生不良影响或偏离经营目标的潜在可能性。创业者自身的素质和能力有限、创业团队成员的知识和技能水平不匹配、管理过程中用人不当、关键员工离职等因素是人力资源风险的主要诱因。

4.技术风险

技术风险是指由于技术方面的因素及其变化的不确定性而导致创业失败的可能性。技术成功的不确定性，技术前景、技术寿命、技术效果的不确定性，技术成果转化的不确定性等，都会带来技术风险。

5.市场风险

市场风险是指由于市场情况的不确定性导致创业者或创业企业损失的可能性。市场风险包括产品市场风险和资本市场风险两大类。市场供给和需求的变化、市场接受时间的不确定性、市场价格变化、市场战略失误等原因会给创业活动带来一定的市场风险。

6.管理风险

管理风险是指管理运作过程中因信息不对称、管理不善、判断失误等影响管理水平而形成的风险。管理风险可能是由于管理者素质低下、缺乏诚信、权力分配不合理、不规范的家族式管理或决策失误等原因引起的。

7. 财务风险

财务风险是指创业者或创业企业在理财活动中存在的风险。对创业所需资金估计不足，难以及时筹措创业资金，创业企业财务结构不合理、融资不当、现金流管理不力等可能会使创业企业丧失偿债能力，导致预期收益下降，形成一定的财务风险。

（四）按创业与市场和技术的关系分类

按创业与市场和技术的关系，创业风险可分为改良型风险、杠杆型风险、跨越型风险和激进型风险。

1. 改良型风险

改良型风险是指利用现有的市场和技术进行创业所存在的风险。这种创业风险最低，经济回报有限，即风险虽低，但要想生存和发展，获取较高的经济回报也比较困难。一方面，会遭遇已有市场竞争者的排斥或进入壁垒的限制；另一方面，即便进入，想要占有一定的市场份额也非常困难。

2. 杠杆型风险

杠杆型风险是指利用新的市场、现有的技术进行创业所存在的风险。这种创业风险稍高，对一个全球性公司来说，这种风险往往是地理上的，常见于挖掘未开辟的市场，如彩电行业利用原有技术进入农村市场。

3. 跨越型风险

跨越型风险是指利用现有市场、新的技术进行创业所存在的风险。这种创业风险稍高，主要体现在创新技术的应用方面，往往反映了技术的替代，常见于企业的二次创业，领先者可获得一定的竞争优势，但模仿者很快就会跟上。

4. 激进型风险

激进型风险是指利用新的市场和技术进行创业所存在的风险。这种创业风险最高，如果市场很大，可能会带来巨大的机会，对于第一批行动者而言，其优势在于竞争风险较低，但是知识产权保护力度很弱，市场需求不确定，确定产品性能有很大的风险。

拓展阅读　高科技创业面临的风险

高科技创业会面临技术风险、市场风险、财务风险、团队风险、政策及法律风险等。

1. 技术风险

高科技创业首先会遇到技术风险，由此极可能导致创业失败。这主要是由高科技创业中必然涉及的高新技术研发、产品试制、技术整合、批量化生产技术控制的探索性导致的不确定性引起的。具体原因包括以下几个方面：研究开发、产品试制的不确定性，商业化生产能否成功的不确定性，相关行业能否提供配套技术的不确定性，技术开发成功后的实际效果的不确定性，特定技术的寿命长短的不确定性。

2. 市场风险

在高科技创业的市场实现环节，创业者会遇到这样或那样的市场不确定性，由此导致创业失败。市场风险具体表现为：高科技产品市场多是潜在的、待开发的、待成长的，很难确定市场接受某一高科技产品的具体时间点，很难预测某一高科技产品的市场成长速度，很难确定某一高科技产品未来的市场竞争力等。

3. 财务风险

财务风险主要是由高科技创业投资难以预测、前期资金周转太慢，而高科技创业企业普遍缺乏持续投资能力引起的。如果资金支持不能按需要规模及时到位，就极有可能导致创业企业陷入财务危机，甚至使创业归于失败。高科技创业企业财务风险的成因主要有：高科技创业需要持续的研究开发资金投入，且资金需求极难判定；技术整合需要更多的资金投入；高科技产品需求需要创业者去开发等。

4. 团队风险

在高科技创业中，创业者和创业企业也可能遇到团队风险。在相当程度上，这是高科技创业中极易发生且影响最大的风险因素。它通常起因于数个方面的问题：创业团队未能产生领袖人物，团队搭配不尽合理，团队中个别成员出现了畏惧心理，创业之初团队成员缺乏共同的目标、利益、思路、规则，或者团队磨合中成员之间失去了共同的目标、利益、思路、规则等。

5. 政策及法律风险

政府会采取某些事后的行政措施或法律手段，来限制某些已经开发成功的高科技产品的生产、销售或使用。例如，国内外一些企业开发转基因产品，曾被有关国家或政府部门明令禁止。这样，企业的所有创业投入就转化为沉没成本，创业者就可能得不到任何商业利益。一般而言，在以下情况下，高科技创业企业会遇到政策及法律风险：创业企业没有得到政府许可、侵害了他人的知识产权、合作者撕毁合作契约等。

三、创业风险的防范

（一）系统风险的防范

系统风险是由全局性的共同因素引起的，创业者或创业企业本身控制不了或无法施加影响，并难以采取有效措施予以消除。对于系统风险，创业者或创业企业可以从以下三个方面做好风险的防范。

1. 谨慎分析

创业者应对所处的创业环境进行深入了解、谨慎分析。目前，我国实施更加积极的就业政策，贯彻鼓励创业的方针，在自主创业税费减免、小额担保贷款、创业的落户及场地、项目、技术、培训等方面，为大学生创业提供了"一揽子"优惠和鼓励政策，创造了更为宽松的创业环境。创业者首先应对创业环境进行正确的认识和了解，对创业环境进行合理的评估，通过层层细化、逐级分析来熟悉创业的宏观环境和微观环境等，以求准确深入地理解创业过程中可能遇到的系统风险。

2. 正确预测

创业风险中，有些是可以预测的，有些是不可预测的。创业者应尽可能运用所学知识和所掌握的资源，采用科学的方法对那些能够预测的风险进行深入分析，通过和团队成员探讨、请教外部专家等方法来预测创业环境的可能变化，以及变化会给创业企业带来的影响，尽量对创业的系统风险做到心中有数，以便制定相应的应对策略。

3. 合理应对

由于系统风险的不可分散性，创业者只能通过谨慎分析和正确预测来制定合理的应对措施，巧妙规避并尽可能降低系统风险发生对创业者自身和创业企业的不利影响。例如，预测到市场利率上升则尽量筹集长期资金，预测到未来经济低迷则尽可能持有较多现金等。

（二）非系统风险的防范

非系统风险是由特定创业者或创业企业自身因素引起的，只对该创业者或创业企业产生影响。因此，创业者或创业企业可以在某种程度上对其进行控制，并通过一定的手段予以预防和分散。

1. 机会选择风险的防范

机会选择风险是一种潜在风险，是由于选择创业失去其他发展机会所可能带来的最大收益。因此，创业者在创业准备之初就应该对创业的风险和收益进行全面权衡，将创业目标和目前的职业收益进行比较，结合当下的创业环境、自己的生涯规划进行权衡分析。

如果认为创业时机已经成熟，刚好有一个绝佳的商业机会可以转化为创业项目，而且该项目又可以和自己的职业生涯规划相吻合，就要狠下决心，立即着手创业。否则就不要急于创业，而是先就业或者继续从事目前的工作，边工作边认真观察，学习所在公司各层领导的工作方法和技巧，并用心学习所在公司开拓市场的技巧，同时学会利用自己的工作机会建立良好的关系网络，待时机成熟再开始创业。

2. 人力资源风险的防范

人力资源是创业活动中的重要资源，由此产生的风险对创业企业来说往往也是致命的风险，所以一定要予以充分关注。首先，创业者应不断充实自己，持续提高个人素质，使自己的知识和能力与创业活动相匹配；其次，通过沟通、协调、激励、奖惩、评价、目标设定等多种手段管理团队，并在创业团队发展的不同阶段确定相应的管理内容，科学合理地对成员进行绩效评价；最后，招聘那些具有良好职业道德和团队合作意识、拥有与岗位相匹配的技能的员工，通过在合同中明确权利义务关系和适当授权，以及通畅的人力资源管理系统，使关键员工的工作管理与非工作管理相结合。

3. 技术风险的防范

技术创新能够给创业者带来丰厚的回报，但掌控不好也可能会使创业者颗粒无收。因此，创业者一定要注意技术风险的防范。

第一，应加强对技术创新方案的可行性论证，减少技术开发与技术选择的盲目性，并通过建立灵敏的信息预警系统，及时预防技术风险。

第二，通过组建技术联合开发体或建立创新联盟等方式减少技术风险发生的可能性。

第三，提高创业企业技术系统的活力；第四，高度重视专利申请、技术标准申请等保护性措施的采用，通过法律手段减少损失出现的可能性。

4. 管理风险的防范

通过提高管理者的素质，改变管理和决策方式，可以有效应对创业企业的管理风险。具体来说，可以采取以下措施。

第一，努力提高核心创业成员的素质，树立其诚信意识和市场经济观念，并以此为基础搞好领导层的自身建设，建立能够适应企业不同发展阶段变革的组织机构。

第二，实行民主决策与集权管理的统一，合理分配企业的执行权，避免不规范的家族式管理影响创业企业的发展。

第三，明确决策目标，完善决策机制，减少决策失误。

5. 财务风险的防范

筹资困难和资本结构不合理是很多创业企业明显的财务特征和主要财务风险的

来源。有效规避财务风险要求做到以下几点。

第一，创业者要对创业所需资金进行合理估计，避免筹资不足影响企业的健康成长和后续发展。

第二，要学会建立和经营创业者自身和创业企业的信用，提高获得资金的概率。

第三，创业者或团队要学会在企业的长远发展和眼前利益之间进行权衡，设置合理的财务结构，从恰当的渠道获得资金。

第四，管理好创业企业的现金流，避免现金断流带来的财务拮据甚至破产清算的局面。

拓展阅读　尽量避免风险，保住本金

股神巴菲特是一个善于规避风险的高手。1956年，26岁的巴菲特靠从亲朋那里凑来的10万美元白手起家；52年后，福布斯最新全球富豪排行榜显示，巴菲特的身价已位居全球首位。今天看来，巴菲特的故事无异于神话。但仔细分析巴菲特的成长历程，他并非那种善于制造轰动效应的人，而更像一个脚踏实地的平凡人。

在巴菲特的投资名言中，最著名的无疑是："成功的秘诀有三条：第一，尽量避免风险，保住本金；第二，尽量避免风险，保住本金；第三，坚决牢记第一、第二条。"为了保证资金安全，巴菲特总是在市场最亢奋、投资人最贪婪的时刻保持清醒的头脑而急流勇退。1968年5月，当美国股市一片狂热的时候，巴菲特却认为再也找不到有投资价值的股票了，他由此卖出了几乎所有的股票并解散了公司。结果在1969年6月，股市大跌，渐渐演变成了股灾，到1970年5月，每种股票价格都比上年初下降了50%，甚至更多。

巴菲特的稳健投资，绝不干"没有把握的事情"的策略使他躲开了一次次股灾，也使他能在机会来临时资本迅速增值。

四、创业者风险承担能力的估计

创业者风险承担能力是指创业者所能承受的最大风险。创业者在进行风险识别的过程中，不但要确定其决定接受的风险程度，还要对其实际能承受风险的程度进行评估，以采取合理的风险管理方法，减少创业过程中的不确定性。影响创业者风险承担能力的因素主要有以下四个方面。

（一）特定时间段所要承担的风险

从创意到商业构想，再到创业企业的建立，不同阶段的创业风险大小会有所不同。一般来说，随着时间的推移和创业活动的深入，创业者面临的风险会逐渐增大。创业者首先要能够根据风险的来源及其对创业活动的影响程度，估计出在不同时间段可能要承受的风险。

（二）可用于承担风险的资金

一般来说，创业者的年龄和家庭状况会对创业者勇于承担风险的资金有所影响。刚毕业的大学生因为很少有创业资金的积累，其用于承担风险的资金较少；同样，家庭比较困难的创业者会更多考虑家庭基本生活对资金的需求，以及较少的家庭支持等，其用于承担风险的资金一般也会较少。正常情况下，勇于承担风险的资金数量和创业者的风险承担能力呈正相关关系。

（三）从其他渠道取得收入的能力

从其他渠道取得收入的能力越强，创业失败对创业者的情绪和生活水平的影响就越小，创业者能够用来偿还创业失败所引致的债务的能力就越强（采用公司制作为企业法律形式的创业活动除外，因为公司制企业是有限责任，只以创业者投入企业的资金为限对公司债务承担责任），其风险承担能力也就越强。因此，从其他渠道取得收入的能力和创业者的风险承担能力也呈正相关关系。

（四）危机管理能力

创业者的危机管理能力会影响创业风险发生时采取的风险抑制措施的效果，从而影响损失的大小。危机管理能力越强，风险因素导致风险事件发生并进而可能形成风险损失时，创业者就越能及时采取有效的风险防范措施对损失状况进行抑制，避免损失的进一步扩大，减少损失所产生的危害。所以，创业者的危机管理能力越强，其风险承担能力就越强，二者也呈正相关关系。

项目实训

实训一

项目任务书

项目名称	创业机会识别		学时	4
项目实施要求	硬件环境：普通教室、机房 软件环境：无 实施方式：小组		项目实施场地	

续表

项目描述	1. 实训目的： （1）识别创业机会。 （2）评估创业机会。 （3）洞察客户需求及其痛点。 2. 实训课时：4个课时。 3. 实训方法： （1）头脑风暴法。在规定时间内，每个小组成员提出符合主题的创业机会；模块责任人主持小组讨论、投票，筛选出最佳机会。 （2）换位思考法。在明确创业方向后，模块责任人引导小组成员站在客户视角，思考客户需求及其核心痛点。
项目要求	4. 实训步骤： （1）成员根据市场及其资源能力至少提出1个创业机会。 （2）小组讨论、比较、分析、评估各个创业机会，识别出最佳创业机会。创业机会评估可参考四个维度：第一，客户需求真实且尚未被满足；第二，当前及未来市场规模相当；第三，有资源或能力基础来抓住市场机会；第四，市场环境适合创业，如政府政策支持等。 （3）小组成员采用头脑风暴、换位思考、客户访谈、客户角色扮演等方式，洞察客户的隐藏需求及其痛点。 （4）项目责任人整理小组讨论结果，并转发给对接的课程评委。 （5）课程评委根据小组讨论跟踪情况和小组讨论结果，对该小组项目实训进行评分，并向教师评委反馈。

项目评价	评价内容	配分	考核点	备注
	职业素养与操作规范(30分)	10	团队协作分工明确合理	
		20	按时提交可视化成果	
	作品 (70分)	20	符合选题、需求真实、洞察趋势	
		20	作品呈现的格式体例完整、美观	
		30	项目本身具备一定的科学性、先进性、可行性	

本章小结

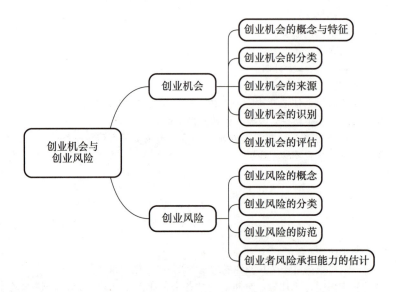

思考与练习

1. 按学生的兴趣不同分成若干小组，要求各组产生尽可能多的创意，从创意中讨论出若干创业机会，并对创业机会进行分析评价。

2. 请判断以下风险的类别
（1）科研成果转化的不确定性。
（2）消费者的消费习惯发生改变。
（3）经济发展进入衰退期。
（4）创业团队成员发生重大的意见分歧。

3. 请根据下列题目，自行进行风险承受态度和承受能力测试
（1）风险承受态度测试。
① 你能够接受赔钱吗？
② 在压力之下，你是否仍然能够表现较好？
③ 你性格是否乐观，可以免于过度忧虑？
④ 你对于自己的决定是否从来都很有信心？
⑤ 在意外损失出现时，你能否控制住自己的情绪？
⑥ 你去看魔术表演，魔术师邀请观众上台表演，你会立刻上台吗？

⑦ 某大公司想邀请你担任部门主管，薪金比现在多20%，但你对这个行业一无所知，你愿意接受这个职务吗？

（2）风险承受能力测试。

① 你父母都是工薪阶层吗？

② 你家庭的月收入为中等以上水平吗？

③ 你购买疾病及养老保险了吗？

④ 你父母或亲友中有经商的吗？

⑤ 你有需要归还的较大数额的借款吗？

⑥ 一旦你创业失败或者丧失了主要的经济来源，你依然能够较好地生活吗？

项目四
创业团队组建与创业融资

/ 内容提要 /

凭借一个人的力量是无法建立伟大公司的,"选择了正确的团队,就是完成了80%的工作"。组建优秀团队对一个创业者来说至关重要,唯有依靠团队,方能实现创业梦想和个人价值。打造最具核心竞争力的企业,需要建设一支作风正派、团结共进、协作互助的企业团队。企业融资是满足企业生产经营发展需要的一种经济行为。本章将介绍大学生创业团队的组建和创业融资等知识。

/ 学习目标 /

知识目标

◇ 了解企业团队的含义、组成要素和分类
◇ 熟悉创业融资的概念和融资的渠道
◇ 掌握优秀企业团队的组建要点

能力目标

◇ 能够组建优秀的创业团队和推选出优秀的团队领导者
◇ 能够通过合适的融资渠道筹集企业所需资金

素养目标

◇ 培养团队合作精神和融资风险意识

潮汕大四男孩和百万天使投资

2014年广州中医药大学举办了"我的青春我的梦"2013年校园年度人物颁奖晚会。会上，一名来自潮汕的大四男生引起了不少人的关注，他便是红遍大学校园的手机软件"兼职猫"的创始人——王锐旭。2014年，他与他的创业团队获得了百万天使投资。

小时候，父母开有厂房，王锐旭从10岁起便开始帮父母管账。16岁时，王锐旭成了"网瘾少年"，因沉迷于网络而荒废学业，第一次中考名落孙山。后来家里破产，从高中到大学的学费和生活费，全部由王锐旭自己承担。大学四年，他始终保持着班上前六名的好成绩，年年都拿奖学金。

读大四时，王锐旭已经有两年的创业经验了，此前，他是魔灯团队的创始人，月利润超过15万元。大三时，靠着自己创建魔灯团队时积攒下来的7万元，他创办了九尾信息科技有限公司，组建了一个由15人组成的创业团队，主推"兼职猫"项目。

"兼职猫"是一款红遍广州大学城的手机App，可供大学生在上面搜寻各种安全可靠的兼职信息。2014年用户数量已经超过15万人，"兼职猫"校园招聘收到来自广州大学城甚至以外地区的大学生简历2万多份，合作企业超过1000家。2014年，"兼职猫"已经和广州地区10个兼职网站达成合作，共享流量。

任务一　创业团队组建

一、创业团队的概念及组成要素

（一）创业团队的概念

团队就是合理利用每一个成员的知识和技能协同工作，以解决问题、达到共同目标的共同体。而创业团队就是由少数技能互补的创业者组成，为了实现共同的创业目标，为达成高品质的结果而努力的共同体。

（二）创业团队的组成要素

创业团队需具备目标（purpose）、人（people）、定位（place）、权限（power）和计划（plan）五个重要的组成要素，简称5P。

1. 目标

创业团队应该有一个既定的共同目标，为团队成员导航，知道要向何处去。没有目标，这个团队就没有存在的价值。目标在创业企业的管理中以创业企业的远景、战略等形式体现。

2. 人

人是构成创业团队最核心的力量。三个及三个以上的人就形成一个群体，当群体有共同奋斗的目标时就形成了团队。在一个创业团队中，人力资源是所有创业资源中最活跃、最重要的资源。应充分调动创业者的各种资源和能力，将人力资源进一步转化为人力资本。

目标是通过人员来实现的，所以人员的选择是创业团队中非常重要的一个部分。在一个团队中可能需要有人出主意，有人定计划，有人实施，有人协调不同的人一起去工作，还有人去监督创业团队工作的进展，评价创业团队最终的贡献，不同的人通过分工来共同完成创业团队的目标。

3. 定位

创业团队的定位包含以下两层意思。

（1）创业团队在企业中处于什么位置，由谁选择和决定团队的成员，创业团队最终应对谁负责，创业团队采取什么方式激励下属。

（2）成员在创业团队中扮演什么角色，是制定计划还是具体实施或评估。是大家共同出资，委派某个人管理；还是大家共同出资，共同参与管理；或是共同出资，聘请第三方（职业经理人）管理。这体现在创业企业的组织形式上，是合伙企业或是公司制企业。

4. 权限

创业团队中领导人的权力大小与其团队的发展阶段和创业企业所在行业相关。一般来说，创业团队越成熟，领导者所拥有的权力相应越小；在创业团队发展的初期，领导权相对比较集中。

5. 计划

创业团队的计划包含以下两层意思。

（1）由于目标的最终实现需要一系列具体的行动方案，因此，可以把计划理解成达到目标的具体工作程序。

（2）只有在有计划的操作下，创业团队才会一步一步地贴近目标，从而最终实现目标。

二、创业团队的分类

根据创业团队的组成者,创业团队可分为星状创业团队(star team)、网状创业团队(net team)和从网状创业团队中演化而来的虚拟星状创业团队(virtual star team)三种。

(一)星状创业团队

星状创业团队在形成之前,一般是核心人物有了创业的想法,然后根据自己的设想进行创业团队的组织。因此,在团队形成之前,核心人物已经就团队组成进行过仔细思考,根据自己的想法选择相应人员加入团队,这些加入创业团队的成员可能是核心人物以前熟悉的人,也可能是不熟悉的人,但这些团队成员在企业中更多时候是支持者的角色。

星状创业团队具有以下特点:

(1)组织结构紧密,向心力强,核心人物在组织中的行为对其他个体影响巨大。

(2)决策程序相对简单,组织效率较高。

(3)容易形成权力过分集中的局面,从而使决策失误的风险加大。

(4)当其他团队成员与核心人物发生冲突时,因为核心人物的特殊权威,使其他团队成员在冲突发生时往往处于被动地位,在冲突较严重时,一般都会选择离开团队,因而对组织的影响较大。

(二)网状创业团队

网状创业团队的成员一般在创业之前都有密切的关系,比如同学、亲友、同事、朋友等。他们在交往过程中共同认可某一创业想法,并就创业达成了共识以后,开始共同创业。在创业团队组成时,没有明确的核心人物,大家根据各自的特点进行自发的组织角色定位。因此,在企业初创时期,各个成员基本上扮演的是协作者或者伙伴角色。

网状创业团队具有以下特点:

(1)团队没有明显的核心,整体结构较为松散。

(2)一般采取集体决策的方式,通过大量的沟通和讨论达成一致意见,因此组织的决策效率相对较低。

(3)由于团队成员在团队中的地位相似,因此容易在组织中形成多头领导的局面。

(4)当团队成员之间发生冲突时,一般都采取平等协商、积极解决的态度消除冲突,团队成员不会轻易离开。但是一旦团队成员间的冲突升级,使某些团队成员撤出团队,就容易导致整个团队的涣散。

（三）虚拟星状创业团队

虚拟星状创业团队是由网状创业团队演化而来，基本上是前两种的中间形态。在团队中，有一个核心人物，但是该核心人物地位的确立是团队成员协商的结果，因此核心人物从某种意义上说是整个团队的代言人，而不是主导型人物，其在团队中的行为必须充分考虑其他团队成员的意见，不如星状创业团队中的核心人物那样有权威。

拓展阅读

优秀创业合作伙伴通常应具备的素质

要组建创业团队，就要选择优秀的创业合作伙伴。那么，哪些人可以作为候选人呢？一般来讲，一个优秀的创业合作伙伴应具备以下素质。

（1）慈孝。一般来讲，一个懂得孝敬父母和关爱长辈的人通常是值得信赖的。相反，如果一个人对父母都不好，这样的人的人品肯定有问题，是坚决不能交的。

（2）果断。做事果断，敢于担责是一种优秀的品质。如果一个人胆小怕事、瞻前顾后，他只会成为你创业的障碍，而绝不会是推手。

（3）诚信。我们常讲，做人、做事应以诚信为本。如果一个人连起码的诚信都没有，大家在做事时相互防范，这样的合作是不可能进行下去的。

（4）成熟，有韧劲。有些人恨不得一天赚100万，一万年太久，只争朝夕，这样的朋友还是不合作为好。要知道，万事开头最难，制定半年甚至一年不赚钱且能坚持下去的备用计划，这才是创业的王道。

（5）专注。很多人思想新潮、想法很多，总是这山望着那山高。他们不了解，很多事情专注最重要，一个人一辈子真正能精通一两个领域就已经很不简单了。因此，在选择合作伙伴时应该选择做事专注、踏实之人，而不是见异思迁、志大才疏之辈。

（6）认真。做事不认真，敷衍了事，这是所有公司应摈弃的员工，这种人更不可能成为合作伙伴。

（7）开朗。创业肯定会遇到困难，没有困难的行业肯定不赚钱。性格开朗的人最容易成就事业，每天忧心忡忡、茶饭不思、不知明天会如何的人，做事怎么会有激情？

（8）现实。有些人思考问题和看问题从政治家角度出发，言行如政府官员或党派领袖，动不动就到了造福全人类的高度。这样的人通常眼高手低，初看感觉好像是具有雄才大略之人，实则只会纸上谈兵。既有远大理想，又能面对现实、脚踏实地的人，才是我们合作的伙伴。

(9) 讲效率。这个社会快半步吃饱，慢半步逃跑。任何事情如果不能以最快速度去做、去完成，就只能等着失败。因此，和一个做事不讲效率的人合作，你的企业在当今社会是很难生存的。

(10) 忠诚于角色。创业不是儿戏，如果不能精诚合作，大家根本没必要聚在一起。俗话说得好："家有千口，主事一人。"对于一个企业来讲，必须有一个核心，对于其他人而言，必须各安其位、各司其职。

(11) 不虚荣。有些人开张伊始，就要坐大班台、装修办公室、请小姐接电话……和这样的人合作，开张就是关张的前奏。创业初期还是先多想想怎么赚钱，而不是怎么花钱。

(12) 不狂妄。有些人觉得老子天下第一，一出手就得惊天动地大手笔，和这样的人一起创业，成功的希望很渺茫。"三人行，必有我师"，一个人无论多么聪明，如果没有一颗谦虚、谨慎、善于学习的心，终究难成大器。

三、组建优秀创业团队的要点

由于组建创业团队的基石在于创业远景与共同信念，因此创业者需要提出一套能够凝聚人心的远景与经营理念，从而形成共同的目标与企业文化。一般而言，要组建一个优秀的创业团队，应特别注意以下几点。

(一) 彼此了解

创业团队的所有成员都应该相互之间非常熟悉，知根知底。《孙子兵法》云："知己知彼，百战不殆。"在创业团队中，团队成员都应非常清醒地认识到自身的优劣势，同时对其他成员的长处和短处也一清二楚，这样可以很好地避免团队成员之间因为相互不熟悉而造成的各种矛盾、纠纷，从而强化团队的向心力和凝聚力。

需要注意的是，我们这里所说的了解是真正了解，而不是表面上的了解。例如，尽管许多大学生创业时选择的合作伙伴都是亲戚、同学、朋友、校友等，但还是很快就失败了，其根本原因在于：虽然他们选择的合作伙伴都是"熟人"，但是他们对这些"熟人"并没有真正了解。

(二) 相互信任

信任是解决分歧、达成一致的唯一途径。大学生创业团队不仅要志同道合，更需彼此信任。最初创业时，要把最基本的责、权、利说得明白透彻，尤其股权、利益分配，包括增资、扩股、融资、撤资、人事安排及解散等。这样在企业发展壮大后，才不会出现因利益、股权等的分配产生矛盾，导致创业团队的解体。

（三）理念一致，目标相同

首先，所有团队成员都必须认同大家共同确定的创业目标、分配制度、管理制度、企业发展战略、经营理念、企业文化等，都必须保持对企业长期经营的信心。

其次，所有团队成员都必须认识到团队是一体的，所有成败都是整体的而非个人的。大家必须同甘共苦，必须将团队利益置于个人利益之上。团队中没有个人英雄主义，每位成员的价值表现为其对团队的贡献。大家愿意牺牲短期利益来换取长期的成功果实，而不计较短期的薪资、福利、津贴等。

再次，所有团队成员都必须对工作抱有满腔激情，必须有每天长时间工作的准备。任何人不管其专业水平多么高，如果没有激情，将无法适应艰苦的创业生活。

最后，所有团队成员均应了解企业在成功之前将会面临的挑战，并承诺不会因为一时困难而退出。如确有特殊原因需提前退出团队，必须将股权优先转让给团队成员。当企业面临困难时，大家必须齐心协力，共同面对，共同解决。

（四）取长补短，相得益彰

从人力资源管理的角度来看，建立优势互补的创业团队是保持创业团队稳定的关键。研究表明，大多数创业团队组成时，并未考虑到成员专业能力的多样性，大多是因为有相同的技术能力或兴趣，至于管理、营销、财务等能力则较为缺乏。

因此，要使创业团队发挥最大的能量，在创建团队时不仅仅要考虑成员之间的关系，更重要的是考虑成员特点之间的互补性，如彼此之间性格、经验、专长、技术等的互补，以此来达到团队的平衡。

一般来说，一个优秀的创业团队必须包括以下几种人。

（1）一个很好的"领袖"。此人必须能够高瞻远瞩，能够为企业制定明确的战略、战术；必须有很好的人品，处事公正，能够服众，能够团结整个团队；还必须具有很好的协调能力，能够及时化解团队成员的矛盾。

（2）一个很好的"管家"。此人主要负责企业的日常运营及各项规章制度的制定。由于企业日常事务非常琐碎，因此，此人必须心思缜密、工作细致。

（3）一个很好的"财务总管"。资金是企业的生命线，因此，创业团队中最好有一个好的"财务总管"，能合理地安排企业收支，帮助企业融资。

（4）一个很好的"营销总监"。我们经常说，产品是基础，营销是龙头。如果营销不行，产品就不能变成钱，企业只有关门大吉。

此外，如果创业企业是一个技术类企业，可能还需要一个很好的技术专家，从而帮助企业不断地将技术或产品推陈出新，始终站在行业的前沿。

拓展阅读

西游记取经团队成员角色分析

"团队管理"这一名词是随着工商管理的概念进入中国的,但实际上最早阐述团队理念的是中国,那就是我们早已熟知的《西游记》,这部书本身就是一个关于团队合作的深刻案例。

《西游记》中的师徒四人和白龙马组成了一个团队,现代管理学认为:一个团队的最佳组成人数为4~25人。看来我们的祖先已经认识到这一点,只是没有总结。那我们来分析一下他们的组织架构,无疑他们是一个成功的团队(图4-1)!

图4-1 《西游记》团队成员

先分析唐僧,他是这个团队的最高领导,是决策层,在企业里面就好比是总经理。他运用自己的强硬管理方式和制度(紧箍咒)来管理团队,并且通过"软权力"和"硬权力"的结合来调动整个团队。从根本上讲,几个徒弟都很服从他,佩服他的学识(软权力),因为唐僧是当时著名的高僧,而且是一个翻译。按现在衡量高层管理人员的标准,他不仅是同声传译员而且也是一位工商管理硕士,德高望重,绝对是一个优秀的管理者,他领导团队去西天取经,并获得成功。

孙悟空应该是这个团队中的职业经理人,具体一点就是部门经理,他本领高强,到哪里都能混口饭吃,而且此人社会关系和社会资源极其丰富,但性格有点"猴急"。从个人素质上讲,孙悟空是非常优秀的,总经理(唐僧)布置的任务都能高效完成,而且处处留下美名,颇有跨国公司职业经理人的风范。

猪八戒虽然不太受人喜欢,但是作为团队中的小人物,他本人还是有很多优点的,而且在许多方面还在团队中起了不小的作用,比如调解矛盾、运用公共关系的方法来协调众人之间的关系,这些都是他对团队的贡献。他本人幽默、可爱、充当着团队润滑剂的角色,所以在团队中功不可没。没有猪八戒的团队是残缺的,而且也是不完美的。用一句话来概括:

猪八戒是公司中跨部门沟通的典范！

沙僧更不必说，他朴实无华，工作踏实，从企业的角度讲，他是"广大劳动者"，兢兢业业，是劳动的模范。他虽然没有职业经理人的风范与协调关系者的公关本领，但是他所做的工作却是最基础的。在团队中，每个人都应该向他学习，主动挑起自己的责任，努力工作，从而为团队做出自己的贡献。

白龙马更是一名默默无闻的劳动者身份，任劳任怨，主要工作就是唐僧的司机兼座驾，偶尔在关键时刻挺身而出，表现一下。

在认同他们优秀的同时，我们还要认识到他们的缺点。例如，唐僧性格优柔寡断，不明是非；孙悟空个人英雄主义严重，无视组织的纪律和制度；猪八戒悟性较差，贪吃、好色；沙僧缺乏主见，工作欠灵活等。这些都是我们应该注意的，只有熟悉自己的缺点，我们才能将工作做好。

四、创业团队的管理

创业团队管理的重点是在维持团队稳定的前提下发挥团队的多样性优势。有效的团队管理能使各个本来分散的个体和具有不同能力、不同个性的人，组成一个有共同目标、相互协调的整体。团队管理就是要使团队具有不断改善、不断革新的精神，使每个人的才能不能停留在原有水平上，从而不断地发展和增强，达到"1+1＞2"的效果。进行创业团队的管理，主要从以下几方面进行。

（一）打造团队精神

团队精神是各个成员的精神支柱，是创业成功的基石。和谐向上的团队精神能充分调动团队成员的团队意识，使其相互理解和支持，为实现团队的目标服务。

1. 重视团队精神

一个没有团队精神的团队或企业，一切美好的想法和愿望都将成为"零"；没有团队意识的员工，无论学历有多高、技术有多精，对企业来讲都是"零"。只有具备团队精神的团队，才会形成一种无形的向心力、凝聚力和创造力。

2. 形成团队精神

第一，培养团队成员的敬业精神。敬业是积极向上的人生态度，兢兢业业做好本职工作是敬业精神中最基本的一条。要做到敬业，就要求创业者具有"三心"，即耐心、恒心和决心。任何事情都不是一蹴而就的，不可只凭一时的热情、三分钟的热度来做，也不能在情绪低落时就马马虎虎、应付了事。特别在创业初期，要勇敢地面对并克服困难，而不是一遇到困难就退缩。

第二，建设学习型团队。每个成员的学习、每次团队的讨论，就是团队成员思想不断交流、智慧火花不断碰撞的过程。如果团队中每个成员都能把自己掌握的新知识、新技术、新思想与其他团队成员分享，集体的智慧势必大增，团队的学习力就会大于个人的学习力，团队智商就会大大高于每个成员的智商，从而达到整体大于部分之和的效果。

第三，建设竞争型团队。竞争型团队必须具有竞争意识，敢于正视自己，敢于面对强手。竞争型团队要提高自身水平和技能，能有效完成团队任务。在建立内部竞争机制时，要注意成员之间的关系是建立在理性基础上的竞争，而不是斗争。协作是团队的核心，要用争论来激活团队的气氛，激发成员的竞争意识；要以发展来吸引人，以事业来凝聚人，以工作来培养人，以业绩来考核人，用有情的鼓励和无情的鞭策让团队的每个成员都能以积极的心态工作，实现自我和超越自我，最大限度地发挥团队威力。

3. 塑造团队文化

高效的团队注重文化的塑造，尤其是共同价值观的培养。团队文化是由团队价值观、团队使命、团队愿景和团队氛围等因素综合在一起而形成的。塑造团队文化的关键就是在团队形成与发展的过程中确立团队价值观、团队使命和团队愿景，并以此为基础逐渐形成相应的团队文化氛围。

(二) 设置创业团队的组织结构

设置创业团队的组织结构时，必须以团队的战略任务和经营目标为依据，具体要注意以下几点。

1. 权责分明

团队的任何一项工作都离不开其他人的配合，只有协作配合好，才能顺利完成管理工作。对于初创的创业团队，人员分工一般都比较粗放，很多事情不分彼此，一起决策、共同实施。但一定要注意落实责任、权责分明，避免出错或者失误后互相推诿，造成团队成员之间的矛盾。

2. 分工适当

分工并不是越细越好，分工过细会导致工作环节的增加，往往引起工作流程延长，会削弱分工带来的好处。解决扯皮的事情关键是整个团队或成员要在团队精神的指导下相互协调，以完成总体目标。

3. 适时联动

适时联动是为了完成特定任务，成立打破部门分工、跨越部门职能的专门工作小组。小组成员具有双重身份，既要向本部门主管汇报工作，又要向跨部门小组组长负责。

这种模式适用于已经具有一定规模的创业企业。创业团队初期由于没有专门的跨部门功能小组，各成员各司其职，在企业规模不是很大的情况下，运行状况还比较好。但是随着企业规模的不断扩大，尤其在新产品更新速度不断加快和一些比较重大的项目上，缺乏全盘的统筹和协调，会造成企业运转困难。因此，一个专门负责新项目或一些重大项目的组织协调工作的机构就显得尤为重要。

当有新项目时，组织各职能部门职员成立一个跨部门的功能小组，小组成员在向本部门主管负责或报告的同时要向小组组长报告该项目所辖职能的进展状况，直到项目完成，小组解散。这样，跨部门功能小组在组长的协调下，就能充分发挥团队精神，提高工作效率。

（三）优化创业团队的运作机制

1. 做好决策权限分配

创业团队内部要妥善处理各种权力和利益关系，确定谁适合于从事何种关键任务和谁对关键人物承担什么责任。在治理层面，主要解决剩余索取权和剩余控制权的问题。同时，还必须建立进入机制和退出机制，约定以后团队成员退出的条件和约束，以及股权的转让、增股等问题。

剩余索取权是一项索取剩余（总收益减去合约报酬）的权力，也就是对资本剩余的索取。简单地说是对利润的索取，即经营者分享利润。剩余控制权是相对于合同收益权而言的，是指对企业收入在扣除所有固定的合同支付（如原材料成本、固定工资、利息等）的余额的要求权，简单地说就是对纯利润的控制权，如使用、支配、处置等权力。

在管理层面，最基本的原则有三条：一是平等原则，制度面前人人平等；二是服从原则，下级服从上级，行动要听指挥；三是秩序原则，不能随意越级指导，也不能随意越级请示。大学生创业团队内部的管理界限没有那么明显，但一定要把决策权限厘清，做到有权有责。

2. 制定员工激励办法

创业团队需要妥善处理创业团队内部的利益关系。大学生创业的资金筹措本来就是难题，分配就更应合理谨慎。团队的管理者要认真研究和设计整个团队的报酬体系，使之具有吸引力，并且使报酬水平不受贡献水平的变化和人员增加的限制，即能够保证按贡献付酬和不因人员增加而降低报酬水平。

3. 建立业绩评估体系

业绩考核必须与个人的能力、团队的发展、扮演的角色和取得的成绩结合起来。传统的绩效评估体系和绩效管理方式只关注个人绩效如何，而不去考虑个人绩效与团队绩效的结合。造成这种状况的原因多种多样，包括评估不及时、各方意见不能真实反映实际情况、评估含糊不清、易掺入情感因素、忽略了被评估人的绩效给他人带来的影响等。成功的绩效管理不再限定于只注重个人的绩效，而是更加注重整体表现。这样的交流能让员工个人了解团队合作的重要性，个人需要不断进行自我调整，以适应不断变化的环境和业务发展需要。

拓展阅读 如何防止创业团队分裂

创业团队的分裂始终是大家重点关注却又遗憾、无可奈何的事，似乎也只能慨叹一句"共苦易，同甘难"的千古名言而已。然而在大家对着数不胜数的创业团队分裂案例感伤的时候，却很少有人将这一规律式的宿命加以归纳，总结出共性，并在进一步分析之后拿出药方。下面我们给出了防止创业团队散伙的九个法宝，供广大创业者参考。

第一，理念要正确。要坚信团队能够健康发展下去，不要一开始就想着失败，尤其不要用"只能共苦，不能共甘"、天下没有不散的筵席、过河拆桥等来支配自己的思想，脑子里根本不应有这种想法，有这种想法本身就为失败的结局埋下了种子。就像刚开始学习骑自行车一样，发现前面马路中间有一个障碍物——石头，于是你越不想碰到石头，偏偏最后还是碰到了，因为你的精力集中于失败了，你必然失败。

第二，要持续不断的沟通。开始时要沟通，遇到问题时要沟通，解决问题时也要沟通，有矛盾时更要沟通，多想有利于团队发展的事情。即使有不同的看法，也不要在公开场合辩论，不要把矛盾展示给下属。

第三，发现小人钻空子，坚决开除。领导之间的矛盾不要让下属来评论、来解决。如果双方沟通有困难时，就主动寻找外部力量，如找双方都信得过的好朋友来解决，但不要显露出太明显的痕迹。如果发现组织中的小人利用领导之间的矛盾或分歧来达到他个人的目的或损害团队利益，那就要毫不犹豫地将其坚决开除，不论他是什么人。

第四，学会换位思考。多从对方的角度考虑问题，多为对方着想，多些宽容、少些指责。

第五，丑话说在前面。最初创业时该说的话一定要说到，该立的字据一定要立。把最基本的责、权、利说得明白透彻，即谁该做什么事，在什么时间完成，完成到什么程度。如果真正创业的话，股权、利益分配更要说清楚，包括增资、扩股、融资、撤资、人事安排、解散等。

第六，及时协调立字据。任何事情都不可能在最初计划周全，事情是随时都有可能变化的，合作过程中，遇到新问题、新矛盾一定要先说清楚、立下字据再行动，千万不要先干再说。先干再说，看似快了，其实是埋下了祸患的种子，将来就不是速度快慢的问题，而就有可能是团队颠覆的问题了。

第七，不要太计较小事。"难得糊涂"对创业合作的各方来说都是保养自己心灵的鸡汤和团队运转的润滑剂，这与前面讲的"丑话在前"和"及时立据"看似矛盾，其实并不矛盾，前者讲的是在没有形成事实的情况下的做法，后者是说事实已经形成了就不要太计较了，计较了也于事无补。其实，事后经常会发现双方的计较毫无实际意义。

第八，不要轻易去考验对方。创业团队合作起来不是一件容易的事情，不考验还会出事，更何况有意考验对方。如果对方知道你在考验他，那你也肯定考验不出来，因为他在心理上和行为上都进行了设防。这不但是瞎子点灯白费蜡，而且还会伤了和气，双方心理上也会出现裂痕。所以既然是合作，就不要动辄考验对方，考验是基于不信任为前提的。

第九，一直向前看。创业合作过程中，遇到问题、矛盾应向前看，向前看利益是一致的，因为成功会给大家带来更丰厚的收获；盯住眼前的事情不放，只能是越盯矛盾越多，越盯矛盾越复杂，最后导致裹足不前；回头看，回忆起合作中的不愉快，会使你伤心，丧失前进的斗志和动力。只有向前看，成功的希望才能激励着合作的各方摒弃前嫌，勇往直前，抵达成功的彼岸。

五、创业团队的领导者

创业团队的领导者是创业团队的灵魂，每个创业团队都必须有一个领导者。创业团队的领导者是整个团队力量的协调者和整合者，其能力和行为对于创业团队的高效运转乃至创业项目的实施有着至关重要的作用，主要体现在以下几个方面。

（一）项目策划

项目策划包括策略思考与计划编制等，创业团队的领导者是项目策划的召集人和组织者。项目策划必须注意以下问题：

第一，必须弄清策划项目的价值所在、所涉及的范围和有关的限制因素，创建企业市场服务的定位。

第二，确定由谁作为该项目的策划小组负责人。

第三，必须考虑当选定创业目标，在资金、人脉、其他资源等各方面条件都已准备妥当或已积累了相当的实力后，要带领团队准备完整的创业计划。创业计划除了能让创业者自己坚定创业目标、梳理创业内容之外，还可以说服他人合资、入股，甚至可以募得创业基金。

（二）组织实施

创业团队的领导者在制定行动计划后，要组织团队成员去实施。计划的执行程度和领导者的组织实施能力呈正相关关系。领导者组织团队实施计划过程中，必须注意以下问题：

第一，团队行动必须随着企业创业环境的变化而变化，必须与创业企业的发展目标相适应。

第二，设计组织改革的方案时要集思广益，团队成员需要共同参与思考设计组织改革的基本框架和操作流程。

第三，要创造一个有利于激活企业组织的良好氛围，创业团队的领导者要充分发挥自己的组织领导能力，确立改革创新的理念，使组织能够沿着健康的方向发展。

（三）提高领导力

创业团队的领导者是一个指挥员，要精明果敢，根据具体情况设计出最佳的组织结构形式；善于量才用人，用其所长，避其所短，最大限度地发挥团队成员的主观能动性，做到统筹兼顾，合理安排，指挥调度得当；善于抓住决策时机，及时下达正确的指令，使下属成员步调一致。

（四）加强控制

控制是指根据既定的目标不断跟踪和修正所采取的行为，以实现预期目标或业绩。控制的主要目的是使正确的行动得到长期保持，错误的行动得到及时纠正。通过评估监控创业团队的绩效，将实际的表现与预先设定的目标进行比较，纠正显著的偏差，使创业回到正确的轨道。由此，须采取两个具体的措施：考核与激励——对执行计划的团队和个人加以考核和督促；激励员工，以提高其工作兴趣和工作效率。

唐僧如何成为团队领导

《西游记》中的唐僧团队虽然是虚拟的，但是师徒历经百险求取真经的故事，不仅家喻户晓，而且是中国文化的典型代表。

这个团队最大的优势就是互补性，领导有权威、有目标，但能力差点；员工有能力，但是自我约束力差，目标不够明确，有时还会开小差。但是总的来看，这个团队是一个非常成功的团队，虽然历经九九八十一难，但最后修成了正果。

唐僧是一个目标坚定、品德高尚的人，他受唐王之命，去西天求取真经，普度众生，广播善缘。要说降妖伏魔的本领，他连白龙马都不如，但为什么他能够担任西天取经如此大任的团队领导呢？关键在于唐僧有三大领导素质。

首先，目标明确，设定愿景。

作为一个团队领导，能够为团队设定前进目标、描绘未来的美好生活是其必要素质。领导如果不会制定目标，肯定是一个糟糕的领导。唐僧从一开始，就为这个团队设定了西天取经的目标，而且虽历经磨难，但从不动摇。一个企业，也应选择这样的人做领导，团队的领导本身就是企业文化的传承者和传播者，只有他自己坚定不移地信奉公司的文化，以身作则，才能更好地实现团队的目标。

其次，手握紧箍，以权制人。

如果唐僧没有紧箍咒，估计早被孙悟空一棒打死了，或者根本使唤不动他。这也是一个领导的必备技能，一定要树立自己的权威，没有权威，也就无法成为领导。但是唐僧从来不滥用自己的权力，只有在大是大非的时候，才动用自己的惩罚权，这对企业领导也是有借鉴意义的，组织赋予的惩罚权千万不要滥用，奖励胜于惩罚，这是领导艺术的基本原理。

最后，以情感人，以德化人。

虽然最初的时候，孙悟空并不尊重唐僧，总是觉得这个师傅肉眼凡胎、不识好歹，但是在历经艰险后，唐僧的执着、善良和对自己的关心也感化了孙悟空，让他死心塌地保护唐僧。作为一个团队的领导，情感管理也是非常重要的，尤其在中国文化的大背景下。中国人做生意往往是先交朋友，先认可人，再认可事，对事情的判断主观性比较大。所以在塑造团队精神的时候，领导一定要学会进行情感投资，要多与下属交流、沟通，关心团队成员的衣食住行，塑造一种家庭的氛围。

任务二　创业融资

任何企业的生产经营活动都需要资金的支撑。对于创业企业来说，无论是进行产品研发还是产品的生产和销售，都需要大量的资金投入，如何有效融资是创业者极为关注的问题。

一、创业融资的概念

创业融资是指创业企业从自身生产经营及资金运用情况出发，根据未来经营发展的需要，通过一定的渠道或方式筹集资金，以满足后续经营发展需要的一种经济行为。

创业企业筹集资金的基本目的在于满足企业扩张或者还债的需要，同时应该遵循一定的原则，通过一定的渠道和方式进行。

二、创业融资的过程

一般来说，创业融资的过程包括以下几个阶段。

（一）做好融资前的准备

尽管创业企业融资较为困难，但创业融资却是创业企业顺利成长的关键。因此，创业者一定要在融资之前做好充分的准备工作：对融资过程有一定了解，建立和经营个人信用，积累自己的人脉资源，学习估算创业所需资金的方法，了解各种融资渠道，熟悉创业计划书的结构和编写策略，提高自己的谈判技巧等，以提高融资成功的概率。

拓展阅读 　　　　　　**个　人　信　用**

　　个人信用是指基于信任、通过一定的协议或契约提供给自然人及其家庭的信用，使得接受信用的个人不用付现就可以获得商品或服务。它不仅包括用作个人或家庭消费用途的信用交易，也包括用作个人投资、创业及生产经营的信用。

　　个人信用记录包括以下内容：一是个人基本身份信息，包括姓名、婚姻及家庭成员状况、收入状况、职业、学历等；二是信用记录，包括信用卡及消费信贷的还款记录、商业银行的个人贷款及偿还记录；三是社会公共信息记录，包括个人纳税、参加社会保险、通信缴费、公用事业缴费，以及个人财产状况及变动等记录；四是特别记录，包括有可能影响个人信用状况的涉及民事、刑事、行政诉讼和行政处罚的特别记录。

　　市场经济是信用经济，信用对国家、社会、个人都是重要的资源，信用在创业融资过程中起着很重要的作用。无论是从何种渠道筹集资金，投资者都会比较关注创业者个人的信用状况。因此，为保证融资的顺利进行，创业者应尽早建立良好的个人信用记录，如做一个诚信的信用卡持卡人，同时注意在日常生活中按时缴纳各项税费，遵纪守法，保持良好的个人信用记录。

（二）计算创业所需资金

世上没有免费的午餐，也没有零成本的资金。创业者必须明白，企业所使用的资金都是具有一定成本的。这并不是说筹集的资金越少越好，因为任何一家顺利经营的企业都需要基本的周转资金，如果筹集的资金不足以支持企业的日常运转，则企业会面临资金断流，进而导致破产清算；但这也并不意味着筹集的资金越多越好。如上所述，资金都是有成本的，如果在资金使用过程中不能创造出高于其成本的收益，则企业会发生亏损。因此，创业者在筹集资金之前，要能够运用科学方法准确地计算资金需求量。

（三）编写创业计划书

创业企业对于资金的需求，需要通盘考虑企业创办和发展的方方面面，要对企业有一个全面的筹划。编写创业计划书是一种很好地对未来企业进行规划的方式；在创业计划书中，创业者需要估计未来可能的销售状况，为实现销售需要配备的资源，并进而计算出所需要的资金数额。

（四）确定融资渠道

确定了创业企业需要的资金数额之后，创业者需要进一步了解各种融资渠道的优缺点，根据筹资机会的大小，以及创业者对企业未来的所有权规划，充分权衡利弊，确定所要采用的融资渠道。

（五）展开融资谈判

选定所拟采取的融资渠道之后，创业者需要与潜在的投资者进行融资谈判。创业者首先要对自己的创业项目非常熟悉，充满信心，并对潜在投资者可能提出的问题做出猜想，事先准备相应的答案。在谈判时，要抓住时机陈述重点，做到条理清晰。另外，还应向有经验的人士进行咨询，以提高谈判成功的概率。

三、创业融资的渠道

创业融资的渠道是指创业者筹集资金的方向与通道，体现资本的来源和流量，主要由社会资本提供者的数量及分布决定。目前中国社会资本的提供者众多，数量分布广泛，为创业企业融资提供了广泛的资本来源。具体来讲，创业融资的渠道主要有以下几种。

（一）私人资本融资

1. 个人积蓄

创业者的个人积蓄是创业融资最根本的来源，几乎所有的创业者都向他们新创办的企业投入了个人积蓄。个人积蓄的投入对于创业企业来说具有以下重要意义。

（1）创业者个人积蓄的投入表明了创业者对于项目前景的看法，只有当创业者对未来的项目充满信心时，他才会毫无保留地向企业投入自己的积蓄。

（2）将个人积蓄投入企业，是创业者日后继续向企业投入时间和精力的保证，向企业投入的积蓄越多，创业者也会在日后的生产经营过程中对企业更加关注。

（3）个人积蓄的投入有利于创业者分享投资成功的喜悦。因此，准备创业的人应从自我做起，较早地将自己收入的一部分储存起来，作为创业储备资金。

（4）个人积蓄的投入是对债权人债权的保障，由于在企业破产清算时，债权人的权益优于投资者的权益，所以企业能够融到的债务资金一般以投资者的投入为限，创业者投入企业的初始资金是对债权人债权的基本保障。

当然，对许多创业者来说，个人积蓄的投入虽然是创业企业融资的一种途径，但并不是根本性的解决方案。一般来说，创业者的个人积蓄对于创业企业而言总是十分有限的，特别是对于新创办的大规模企业或资本密集型的企业来说，几乎是杯水车薪。

靠个人积蓄创业的大学生李瑞

到2016年，李瑞的企业已经创建了4年。她在创业之前，每个周末和节假日都会到广州的"百脑汇"里打工，为客户组装电脑。在装机的过程中，李瑞学会了组装计算机的流程并找到了销售电脑的渠道，同时也发现了他们营销的特点，她便率先在电脑城里提出了"整体装机只挣100元"的营销口号，元部件价格全透明。一时间，她的生意好到一个人忙不过来。

于是，她用打工积累的资金租了一个摊位，请了几名工人开启了自己的电脑维修、装机服务。到毕业那年，她的资产已经超过了20万元。于是，她拿这些资金作为启动资金，利用自己大学所学的专业知识，在广州注册了自己的公司。

2.向亲友融资

向亲友融资也是创业融资的重要渠道,在创业中起着重要的支持作用。特别是在中国,以家庭为中心形成的亲缘、地缘、商缘等为经纬的社会网络关系,对包括创业融资在内的许多创业活动产生着重要影响。家庭成员和亲朋好友由于与创业者个人的关系而愿意投入资金,从而成为我国创业企业十分常见的融资方式。

在向亲友融资时,创业者必须按照市场经济的游戏规则、契约原则和法律形式来规范融资行为,保障各方利益,减少不必要的纠纷。具体要注意以下几个方面。

(1)创业者一定要明确所融集的资金的性质,并据此确定彼此的权利和义务。若融集的资金属于亲友对企业的投资,则属于股权融资;若融集的资金属于亲友借给创业者或创业企业的,则属于债权融资。由于股权资本自身的特性,创业者对于亲友投入的资金没有必要承诺日后的分红比例和具体的分红时间;但对于从亲友处借入的款项,一定要明确约定借款的利率和具体的还款时间。

(2)无论是借款还是投资款项,创业者最好能够通过书面形式将事情确定下来,以避免将来可能出现的矛盾。

(3)创业者在向亲友融资之前,需要仔细考虑这一行为对亲友关系的影响。要将日后可能产生的有利和不利方面告诉亲友,尤其是创业风险,以便在未来创业出现问题时,将对亲友产生的不利影响降到最低。

(二)机构融资

1.向银行借款

比较适合创业者的银行借款形式主要有抵押贷款和担保贷款两种。缺乏经营历史从而也缺乏信用积累的创业者,比较难以获得银行的信用贷款。

抵押贷款是指借款人以其所拥有的财产作抵押,作为获得银行贷款的担保。在抵押期间,借款人可以继续使用其用于抵押的财产。抵押贷款有动产抵押贷款和不动产抵押贷款两种。动产抵押贷款是指以股票、国债、企业债券等银行承认的有价证券,以及金银珠宝首饰等动产作抵押,从银行获取贷款;不动产抵押贷款是指以土地、房屋等不动产作抵押,从银行获取贷款。

担保贷款是指借款人向银行提供符合法定条件的第三方保证人作为还款保证的借款方式。当借款方不能履约还款责任时,银行有权按照约定要求保证人履行或承担清偿贷款连带责任。其中较适合创业者的担保贷款形式有自然人担保贷款和专业公司担保贷款两种。自然人担保贷款是指由自然人提供担保取得贷款;专业公司担保贷款是指由担保公司提供担保取得贷款。

尽管银行贷款需要创业者提供相关的抵押、担保或保证,对于刚毕业的大学生来说条件有些苛刻,可是如果创业者能够提供银行规定的资料,提供合适的抵押物或担保人，得到贷款并不困难。

2. 向非银行金融机构借款

非银行金融机构是指以发行股票和债券、接受信用委托、提供保险等形式筹集资金，并将所筹资金用于长期性投资的金融机构。根据法律规定，我国非银行金融机构包括经银保监会批准设立的金融资产管理公司、企业集团财务公司、金融租赁公司、汽车金融公司、货币经纪公司、消费金融公司、境外非银行金融机构驻华代表处等机构。创业者可以从这些非银行金融机构取得借款，筹集生产经营所需资金。

3. 中小企业间的互助机构贷款

中小企业间的互助机构是指中小企业在向银行融通资金的过程中，根据合同约定，由依法设立的担保机构以保证的方式为债务人提供担保，在债务人不能依约履行债务时，由担保机构承担合同约定的偿还责任，从而保障银行债权实现的一种金融支持制度。信用担保可以为中小企业的创业和融资提供便利，分散金融机构的信贷风险，促进银企合作。

4. 交易信贷

交易信贷是指企业在正常的经营活动和商品交易中，由于延期付款或预收货款所形成的企业间常见的信贷关系，通常也称为商业信用。企业在筹办期及生产经营过程中，均可以通过交易信贷筹集部分资金。如企业在购置设备或原材料的过程中，可以通过延期付款的方式，在一定时期内免费使用供应商提供的部分设备和原材料。

5. 融资租赁

融资租赁是指实质上转移与资产所有权有关的全部或绝大部分风险和报酬的租赁。融资租赁是集融资与融物、贸易与技术更新于一体的新型金融业务。由于其融资与融物相结合的特点，出现问题时租赁公司可以回收、处理租赁物，因此在办理融资时对企业资信和担保的要求并不高，非常适合中小企业融资。此外，融资租赁属于表外融资，不体现在企业财务报表的负债项目中，不影响企业的资信状况，对需要多渠道融资的中小企业非常有利。

企业在筹建期，通过融资租赁的方式取得急需设备的使用权，解决部分资金需求，获得相当于租赁资产全部价值的债务信用，一方面可以使企业按期开业，顺利开展生产经营活动；另一方面又可以解决创业初期资金紧张的问题，节约创业初期的资金支出，将用于购买设备的资金用于主营业务的经营，提高企业现金流量的创造能力；同时，融资租赁分期付款的性质可以使企业保持较高的偿付能力，维持财务信誉。

(三)风险投资

风险投资又称创业投资,是指由专业机构提供的投资于极具增长潜力的创业企业并参与其管理的权益资本。从投资行为的角度来讲,风险投资是具备资金实力的投资机构或投资家,对具有专门技术并具备良好市场发展前景,但缺乏充足资金的创新型企业进行资助,以此帮助其实现创业计划,并相应承担该阶段投资可能失败的风险的投资行为;从运作方式的角度来讲,风险投资是由专业化人才管理的投资中介向具有较大潜力,但同时也蕴藏着失败风险的创新型企业投入风险资本的过程,也是协调风险投资家、技术专家、投资者的关系,利益共享、风险共担的一种投资方式。

风险投资的主要特征如下。

(1)投资对象多为处于创业期的中小企业,而且多为高新技术企业或现代服务业。

(2)投资期限通常为3~5年,投资方式为股权投资,一般会占被投资企业15%~30%的股权,而不要求控股权,也不需要任何担保或抵押。

(3)投资决策建立在高度专业化的基础之上。

(4)风险投资人一般积极参与被投资企业的经营管理,并提供增值服务。

(5)由于投资目的是追求超额回报,当被投资企业增值后,风险投资人会通过上市、收购兼并或其他股权转让方式撤出资本,实现增值后的资本回收。

(6)风险投资人顺利退出投资时往往能够获得原始投资额5倍以上的资本升值,但也有可能投资失败。

拓展阅读　红杉风投

1972年,投资家唐纳德·凡伦汀在硅谷创立了一家风险投资公司,以加州特有的红杉树命名。该公司进入中国后,取名"红杉风投"。红杉风投是迄今为止最大、最成功的风险投资公司。它投资成功的公司占整个纳斯达克上市公司市值的十分之一以上,包括苹果公司、Google公司、思科公司、甲骨文公司、雅虎公司、网景公司和YouTube等IT巨头和知名公司。红杉风投在美国、中国、印度和以色列大约有50名合伙人,包括公司的创始人凡伦汀和因为成功投资Google而被称为"风投之王"的麦克·莫利兹。

红杉风投的投资对象覆盖了各个发展阶段的未上市公司,从最早期到很快就要上市的公司。红杉风投内部将这些公司分成以下三类。

(1) 种子孵化阶段（seed stage）。这种公司通常只有几个创始人和一些发明，要做的东西还没有做出来，有时公司还没有成立，处于天使投资人投资的阶段。红杉风投投资思科时，思科就处于这个阶段，产品还没做出来。

(2) 早期阶段（early stage）。这种公司通常已经证明了自己的概念和技术，已经做出了产品，但是在商业上还没有成功。当初红杉风投投资Google时，Google就处于这个阶段，当时Google网站已经有不少流量了，但是还没有挣钱。

(3) 发展阶段（growth stage）。这时公司已经有了营业额，甚至有了利润，但是为了发展，还需要更多的资金。这个阶段的投资属于锦上添花，而非雪中送炭。

红杉风投在每个阶段的投资额差一个数量级，分别为10万～100万元、100万～1000万元和1000万～5000万元。

相对于其他风投喜欢投资快速盈利的公司，红杉风投则更喜欢投资快速发展的公司，即使它们的风险较大，如苹果、Google、雅虎等公司都属于这类公司。

（四）天使投资

天使投资是一种非组织化的创业投资形式，是指自由投资者（个人）或非正式风险投资机构（团体）对有发展前景的原创项目构思或初创期小企业进行早期权益性资本投资，以帮助这些企业迅速启动的一种民间投资方式。可以说，天使投资人是年轻的公司甚至处于起步阶段公司的最佳融资对象，他们是创业企业的早期乃至第一批投资人，在创业企业的产品和业务成形之前就把资金投入进来。这种融资方式最早出现在19世纪百老汇喜剧发展之中，20世纪80年代在西方国家逐渐兴起，如今在美国、加拿大、英国等金融投资市场发达的国家，天使投资是创业企业在起步和成长阶段最主要的融资方式之一。目前我国天使投资的规模还非常有限，依然缺乏这种投资文化，相应的制度环境也不健全。

天使投资的主要特征如下。

(1) 天使投资的金额一般较小，而且是一次性投入，它对创业企业的审查也并不严格。它更多的是基于投资人的主观判断或者由个人的好恶决定的。通常天使投资是由一个人投资，是个体或者小型的商业行为。

(2) 很多天使投资人本身是企业家，了解创业者的难处。他们不一定是百万富翁或高收入人士，很可能是您的邻居、家庭成员、朋友、公司伙伴、供应商或任何愿意投资公司的人士。

（3）天使投资人不仅可以带来资金，同时也能带来一定的资源网络；如果他们是知名人士，还可以提高公司的信誉和影响力。

拓展阅读　　天使投资与风险投资的关系

天使投资是风险投资的一种，但相对而言，天使投资不是那么正式和规范；而风险投资基金的运作则是一种正规化、专业化、系统化的大型商业行为，投资人在投入资金的同时更多地投入管理，除了注入资金以外，更注重提供增值服务。天使投资投入的资金规模一般较小，一次性投入，投资人不参与管理，对投资项目的审查不太严格；风险投资一般投资额较大，往往是几家机构的资金联合进行投资，而且是随着创业企业的发展逐步投入，其对被投资企业和项目的审查也很严格。

（五）政府扶持基金

创业者还可以利用政府扶持政策，从政府方面获得融资支持。随着我国经济的发展，政府对创业的支持力度无论是从产业的覆盖面，还是从政府对创业者的支持额度等方面都有了很大进展，由政府提供的扶持基金也在逐步增加。

科技型中小企业技术创新基金是经国务院批准设立、用于支持科技型中小企业技术创新的政府专项基金，扶持和引导科技型中小企业的技术创新活动。根据中小企业和项目的不同特点，创新基金支持方式主要有贷款贴息、无偿资助、资本金投入等。另外，科技部的"863计划"、火炬计划等，每年也有一定数额的资金用于科技型中小企业的研发、技术创新和成果转化。中小企业国际市场开拓资金是由中央财政和地方财政共同安排的专门用于支持中小企业开拓国际市场的专项资金。

此外，财政部设有利用高新技术更新改造项目贴息基金、国家重点新产品补助基金；国家发展和改革委员会设有产业技术进步资金资助计划、节能产品贴息项目计划；工业和信息化部设有电子信息产业发展基金等。各省、区、市也为支持当地创业型经济的发展，纷纷出台了许多政策，支持创业。创业者应结合自身情况，利用好相关政策，获得更多的政府扶持基金，降低融资成本。

拓展阅读　　火炬计划

火炬计划是一项发展中国高新技术产业的指导性计划，于1988年8月经中国政府批准，由科学技术部（原国家科委）组织实施。

火炬计划的申报条件如下。

(一) 基本条件

申报单位应是在中华人民共和国境内注册、具有独立法人资格的企事业单位。

(二) 其他条件

1. 产业化环境建设

申报高新区和基地方向项目的单位,应是国家高新区、国家高新技术产业化基地、国家火炬计划特色产业基地、国家火炬计划软件产业基地、科技兴贸创新基地内的服务机构。

申报科技中介机构方向项目的单位,应是国家级示范生产力促进中心、国家级科技企业孵化器、国家大学科技园、国家技术转移示范机构、企业国际化发展机构、科技金融服务机构。

2. 产业化示范

申报高新技术产业化示范方向项目的单位,应是地方科技部门重点支持的企业或国家火炬计划重点高新技术企业。

申报科技兴贸示范项目的单位,应是地方科技部门重点支持的企业和国家火炬计划重点高新技术企业;申报的项目产品已出口且出口规模不超过500万美元。

3. 创新型产业集群

申报单位应在经批准开展试点的创新型产业集群内。

4. 科技服务体系

申报单位应在经批准开展科技服务体系火炬创新工程试点地区内的科技中介机构。原则上应是国家级示范生产力促进中心、国家级科技企业孵化器、国家大学科技园、国家技术转移示范机构、企业国际化发展机构及相关金融服务机构等。

四、创业融资的选择策略

无论选择哪种渠道融资,这些融资都不外乎两类:股权融资和债权融资。

(一) 股权融资

股权融资是指企业的股东愿意让出部分企业所有权,通过企业增资的方式引进新的股东的融资方式。股权融资所获得的资金,企业无须还本付息,但新股东将与老股东同样分享企业的盈利与增长。股权融资的特点决定了其用途的广泛性,既可以充实企业的营运资金,也可以用于企业的投资活动。广义上的股权融资包括内部股权融资与外部股权融资。内部股权融资主要是企业的内部积累;外部股权融资包括个人积蓄、亲友投入、合伙人资金和天使投资等。

创业企业在创建的启动阶段及较早的发展阶段,内部积累极为重要。内部积累的资金来源主要是企业在经营过程中赚取的利润,采用内部积累方式的融资符合优序融资理论的要求,也是很多创业者的必然选择。鉴于创业企业在资金实力、经营规模、信誉保证、还款能力等方面的限制,创业企业往往会通过不分红或少分红的方式,将企业的经营利润尽可能通过未分配利润的形式留存下来,投入再生产过程,可为持续经营或扩大经营提供必要的资金支持。

(二)债权融资

债权融资是指企业通过借钱的方式进行融资,对于债权融资所获得的资金,企业首先要承担资金的利息,另外在借款到期后要向债权人偿还资金的本金。向亲友借款、向银行借款、向非银行金融机构借款、向其他企业借款等都是常用的债权融资方式。债权融资的特点决定了其用途主要是解决企业营运资金短缺的问题,而不是用于资本项下的开支。

拓展阅读　债权人在评估贷款申请时应考虑的问题

一般来说,贷款人在收到借款人的借款申请后,会从许多方面对借款人的资质进行评估,以决定是否放款。具体考虑的问题包括以下几个方面。

(1)借款人的信用。银行在评审企业借款申请时,要考虑借款人的信用,主要包括:借款人品质,即借款人对待信用的态度,包括过去的信用记录;偿还能力,即借款人的收入情况,以确定其是否有能力偿还借款;资本结构,即借款人的个人财产,包括存款、不动产及其他个人财产;经营条件,地区、国家的经济状况对贷款的难易程度有很大影响;担保物,即借款人是否有担保或抵押财产及这些财产的质量;事业的连续性,即借款人持续经营的前景。

(2)借款类型和还款期限。贷款机构会考虑借款人的借款类型,是短期借款(还款期限在一年以内),还是长期借款(还款期限在一年以上),同时还要对借款人提出的还款方案进行分析,以确认借款人的还款能力。

(3)贷款的目的和用途。贷款人为保证自己的资金安全,一般会对贷出资金的用途进行规定,并要求借款人不能将资金用于法律法规限制或禁止的项目,力求资金的使用符合规定用途。

(4) 资金的安全性。除了对借款人以上情况进行审查外,贷款机构还会对创业企业未来的销售情况和现金流状况进行预测,以分析创业企业未来是否有足够的现金流用于偿还贷款本息。

(三) 股权融资与债权融资的比较

股权融资与债权融资各有优缺点,如表4-1所示。创业者在筹集资金时应对二者的优缺点进行比较,并对企业的本金、资金成本、风险承担、企业控制权,以及资金使用限制等具体问题进行综合考虑分析,最终选取合适自己的融资方式。

表4-1 股权融资与债权融资的比较

项目	股权融资	债权融资
本金	永久性资本,保证企业最低的资金需要	到期归还本金
资金成本	根据企业经营情况变动,相对较高	事先约定固定金额的利息,较低
风险承担	高风险	低风险
企业控制权	按比例或约定享有,分散企业控制权	企业控制权得到维护
资金使用限制	限制条款少	限制条款多

拓展阅读 如何与投资人有效沟通

一、沟通前的准备

1.了解投资人

了解投资人的投资模式、投资流程和退出方式等,是重在投个人还是投团队,以求项目的长期发展,还是重在短期获利。你对项目投资人熟悉吗?他认为能增值吗?

2.写创业计划书

对创业者来说,创业计划书是创业者的自我梳理、自信心的来源,也是创业团队内部声音的统一;对投资者来说,创业计划书是高效地初筛项目、进行内部沟通讨论的依据。

3.寻找投资人和预约

寻找投资人的途径包括朋友推荐(首选)、官网联系方式(个人邮箱优于公司邮箱)、微博联系(以私信为主)、活动现场等。

联系投资人的方法包括发送创业计划书（避免群发，邮件中突出团队背景和优势，以及项目方向）、电话初步沟通、预约面谈等。

一般来说，与投资人沟通的流程为：第一次电话沟通—面谈（多次）—邮件反馈（多次）—合伙人面谈（多次）—达成投资意向。

二、沟通的内容

1.创业计划书讲解

一般来说，投资人对创业计划书的关注点包括：创业者的创业愿景和初衷、企业创造价值、创业市场规模、团队执行力等。

2.现场问答

一般来说，投资人的提问点主要集中于怎么构建产品壁垒，从而有效应对抄袭者。常见的可以建立壁垒的方面有：①团队人力优势；②产品功能优势；③核心技术优势；④内容优势；⑤资源优势；⑥渠道优势；⑦口碑品牌优势；⑧商务运营优势；⑨用户优势，包括用户数、关系网络、数据等；⑩生态系统优势，企业生态系统是由相互作用的企业组织与个人所形成的经济群体，包括生产商、销售商、消费者、供应商、投资商、竞争商、互补者、企业所有者或股东，以及有关的政府机构等，同时还包括企业生产经营所需的各种资源。

3.问题反馈处理

投资人的反馈方式和创业者应该采取的应对方法包括：①投资人明确拒绝时，创业者应礼貌地感谢并听取建议，避免纠缠；②投资人认为项目待定时，创业者可以持续跟进项目进展；③投资人建议调整方向时，创业者如认同可再重新沟通。

项目实训

实训：项目任务书1

项目名称	如何选择合适的伙伴	学时	4
项目实施要求	硬件环境：普通教室、机房 软件环境：无 实施方式：小组	项目实施场地	

续表

项目描述	1.实训目的： （1）如何进行团队组建； （2）组建优秀团队的要点。 2.实训课时：4个课时。 3.实训方法： （1）头脑风暴法。在规定时间内，每个小组成员提出符合团队组建需求的合适的成员建议；项目责任人主持小组讨论、投票，筛选出最佳人选。 （2）六顶思考帽法。在明确成员需求后，根据团队的需要去选择合适的人。原则是：不是最好的，但一定是最适合的。有可能你会遇到面对众多人选而不知道选择哪一个人的时候，此时你也可以通过团队成员评估表进行打分，最终选择总得分最高的。切记：它只是一种方法，能够为你的决策提供一种依据，最终的选择还是需要由你决定。
项目要求	4.实训步骤： （1）成员根据市场及其资源能力提出至少三个团队成员。 （2）小组讨论，比较、分析、评估，识别出最佳人选。创业团队成员选择评估可参考三个维度：第一，目标统一；第二，人数合理；第三，技能互补。 （3）小组成员采用头脑风暴、换位思考等方法，讨论最终人选方案。 （4）课程评委根据小组讨论跟踪情况和小组讨论结果，对该小组项目实训进行评分，并向教师评委反馈。 5.创业团队人员选择： **团队成员评估表** | 评估项目 | 评估项目及分数 ||||| |---|---|---|---|---|---| | 分数 | 1 | 2 | 3 | 4 | 5 | | 个人与团队目标契合程度 | | | | | | | 个人品质 | | | | | | | 责任心 | | | | | | | 专业能力 | | | | | | | 行业经验 | | | | | | | 风险承受度 | | | | | | | 压力承受度 | | | | | | | 团队协作 | | | | | | | 与团队互补性 | | | | | | | 个人机会成本（个人机会成本越高，得分越低） | | | | | | | 总得分 | | | | | | 注：5代表极高；4代表高；3代表一般；2代表差；1代表极差。

续表

	评价内容	配分	考核点	备注
项目评价	职业素养与操作规范（30分）	10	团队协作分工明确合理	
		20	按时提交可视化成果	
	作品（70分）	20	符合选题、需求真实、洞察趋势	
		20	作品呈现的格式体例完整、美观	
		30	项目本身具备一定的科学性、先进性、可行性	

本章小结

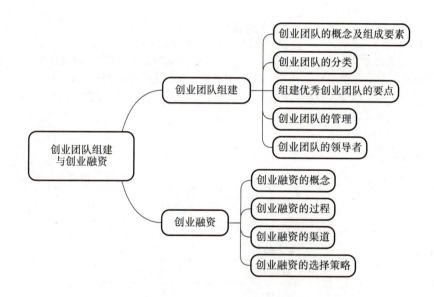

思考与练习

1. 调查身边的创业团队，了解他们的组织架构及运行方式。收集优秀创业团队的案例，分析它们有何共同之处。

2. 如果你打算创业，在选择团队成员时有何要求？如果你是团队的领导者，如何更好地管理团队？

3. 实地调查一家创业企业，了解其创业过程中所需要的资源种类及其获取方式和技巧；了解其创业所需的资金数额及其资金来源；分析其融资方式的优缺点，以及对你的启示。

4.假设你是一名即将毕业的大学生,准备毕业后自主创业。请根据你选择的创业机会,分析以下问题。

(1)列出你创业所需要的资源和需要继续获取的资源。

(2)列出你准备获取资源的途径和方法。

(3)估算你创业所需要的资金。

(4)收集你所在的城市、大学或你计划投入的行业是否有对创业活动的扶持政策,并从中筛选出你可能用到的政策。

(5)以小组为单位,选择当地一家大型银行的中小企业融资部、一家城市或农村信用合作社、一家开展贷款业务的典当公司或财务公司、一家风险投资公司,联系其负责人或相应工作人员进行访谈,比较这些机构在创业融资方面的规划和具体做法。

项目五
创业资源、商业模式及创业模式

/ 内容提要 /

> 创业就是把创业机会与创业资源的获取及整合相结合的活动,创业资源的获取和整合伴随着整个创业过程。在创业资源中,资金是创业企业进行生产经营活动的起点,因此,创业企业应合理计算和筹集创业所需资金。此外,创业者还要选择合适的商业模式和创业模式。本章将主要讲解创业资源、商业模式、创业模式的相关知识。

/ 学习目标 /

知识目标

- 熟悉创业资源的分类、常见的商业模式和常见的创业模式
- 掌握创业资源的获取途径和整合过程

能力目标

- 能够根据实际情况分析创业者进行创业时所需的资源类型,并对资源进行整合
- 能够根据实际情况选择适合创业者的商业模式
- 能够根据实际情况选择适合创业者的创业模式

素质目标

- 培养科学探索的精神和态度,以及诚信友善、团结互助的创业精神

引导案例　　"拼多多"侵权案

"拼多多"被判侵犯消费者对活动的知情权，选择商业模式时需注意对消费者权益的保护。

2021年3月17日刘先生参与"拼多多"的"砍价免费拿"活动，他邀请了亲朋好友助力砍价，甚至购买了"拼多多"9.9元的"加速礼包"，平台显示其已达到"砍价进度第一名"，但距离砍价成功始终只有"一步之遥"——只差0.9%，随即刘先生就一纸诉状上诉至上海市长宁区人民法院。最终长宁区人民法院认为被告宜采用易于普通消费者理解的方式披露信息。根据《中华人民共和国电子商务法》第十七条的规定，电子商务经营者应当保障消费者知情权，在活动中"全面、真实、准确、及时"地披露相关信息。本案中，被告的披露瑕疵主要涉及关于砍价进度的披露方式不精确、有歧义，以及对砍价规则设置了不方便的链接等。倘若经营者能够及时、准确、直观地向消费者披露相关信息，则可减少部分消费者一定的时间、精力、人脉、流量等支出。这些损失虽然并不构成对用户现有财产的有形损害，但从损失内容来看亦具有财产性属性，应予保护。

综上，法院认为，被告对于砍价进度信息的披露方式存在一定瑕疵，侵犯了原告对"砍价免费拿"活动的知情权，应当承担知情权侵权相应的赔偿责任。法院在综合考量涉案活动特性、普通消费者认知程度、被告过错程度的基础上，结合原告参与涉案活动所付出的时间、精力、人脉及合理维权成本等，依法酌定由被告向原告赔偿损失400元。

商业模式作为企业的立命之本，如何进行有效的甄选显得十分重要。商业模式具体包括企业的业务模式、盈利模式、运营模式等。作为中国知名的电商平台，"拼多多"于2015年正式上线，面临的强劲竞争对手有京东、淘宝、唯品会等，虽然当时已有很多十分成熟的电商平台，但是"拼多多"凭借让用户参与拼团的新模式获得了很大的成功。2016年7月用户量突破了1亿，2020年用户量近8亿，2021年全年成交额（GMV）达到了24410亿元。它独特的以低价为核心的商业模式在实践的检验下十分成功，同样是B2C模式，但运用了不同于淘宝和京东的营业模式。一方面，通过提供新平台与新机会，以及对消费者不同需求的集聚，可以将上游的供应链做到一定程度的批量定制，这样很多中小企业就可以通过"拼多多"平台直接对接消费者市场，降低中小企业的生产风险，而对很多在夹缝中生存的中小企业来说这些都具有很大吸引力，因此"拼多多"一开始就吸引了很多中小企业的入驻；另一方面，"拼多多"从消费者角度出发，利用低价吸引了大批"价格敏感型"消费者的注意，对市场的精准定位使得"拼多多"快速拥有了大批量的用户。通过拼单、砍一刀等方式，可以实现让用户低价购买优质商品。

但是"拼多多"作为知名企业，更应该以身作则，坚决维护消费者的切实利益，消费者享有对活动信息的知情权，而在本案例中，"拼多多"败诉的原因正是侵犯了消费者对活动的知情权，不仅未向消费者公布精确的砍价数据而且有歧义，容易造成部分消费者不必要的时间、精力、人脉的支出。本案例也给广大创业者敲响了警钟，不论使用什么样的商业模式，都不能为了吸引顾客、招引流量而玩"文字游戏"，从而侵犯消费者的知情权。

资料来源：知乎

对于创业者来说，商业模式和创业模式的选择十分重要，并且在具体的实施过程中需要注意保护消费者的知情权。依据《中华人民共和国消费者权益保护法》第八条规定，消费者知情权是指消费者享有知悉其购买、使用的商品或者接受的服务的真实情况的权利。作为创业者更要知法守法，切实保护消费者的合法权益，才能获得消费者的信任。

任务一　整合创业资源

一、创业资源的概念

创业资源是指企业创立及成长过程中所需要的各类生产要素和支撑条件，是创业企业在创造价值过程中所需要的特定资产。

对创业者来说，只要是对其创业项目和创业企业的发展有所帮助的要素，都能够归入创业资源的范畴。作为创业者，既要具备积累个人资源的能力，又要具备创造性地进行社会资源整合的能力，只有拥有足够的创业资源，创业者才能创造出有利于创业的良好条件。

二、创业资源的类型

（一）按性质分类

创业资源按性质进行划分，可分为人力资源、财务资源、物质资源、技术资源和组织资源。

1. 人力资源

人力资源不仅包括创业者及创业团队所具备的知识、技术和经验等，也包括团队成员所具备的专业智慧、判断力、视野和愿景，甚至还包括创业者本身所具备的人际关系网络。创业者是创业企业最重要的人力资源，其所坚持的价值观念和信念是创业企业发展的重要基石，其所拥有的人际和社会关系网络使企业能够接触到大量的外部创业资源，从而降低潜在的创业风险。鉴于企业之间的竞争主要是人才之间的竞争，高素质人才的获取和开发便成为创业企业可持续发展的关键因素。

2. 财务资源

财务资源主要是指资金资源，主要包括创业者自身具备的自有资金，或者创业者从银行通过抵押贷款、信用贷款、担保贷款、贴现贷款等形式获得的信贷资金，从非银行金融机构如保险公司、信托投资公司、证券公司、企业集团等进行借贷，从亲朋好友手中筹集，以及利用国家政策等获得的货币形式或者网银形式的资金资源，通常是创业企业向债权人、权益投资者通过内部积累筹集的负债资金、权益资金和留存资金。一般来说，创业初期要以不高于市场平均水平的资本成本及时筹集到足额的财务资源，资金资源是创业企业成功创办和顺利经营的重要前提条件。很多大学生创业者往往在创业初期由于财务资源不足，如现金流断裂、资不抵债继而出现负债从而导致创业失败，因此筹集合适且及时的资金资源显得十分重要，但是需要注意的是，资金的来源一定要正规，不能通过赌博、诈骗、刷单、传销等非法手段进行非法集资。作为创业者，一方面要能够正确预测在创业过程中所需的资金数量并能通过合法途径及时进行资金筹集从而获得所需资金；另一方面还要具备一定的理财能力、财务规划能力。需要注意的是，在筹集资金过程中需要把握以下几条原则：一是资金筹集来源的合法性和合理性。合法性要求创业者必须从合法途径筹集资金，合理性要求创业者能够合理地分配资金来源的结构构成，要做到具备适当的偿债能力从而降低资金筹集的风险和成本。二是资金筹集的及时性。如果资金筹集不及时，则很有可能不能满足资金投放的需要，容易造成现金流的断裂导致创业失败。三是创业者要具备良好的资金筹集条件，及较好的资金筹措能力。良好的资金筹集条件要求创业者具备较强的偿还债务的能力，公司的主要经营方向符合当地自然经济条件和社会需要，创业者具备较强的经营管理水平，创业项目具备较好的经济效益，创业者具备良好的形象和信誉等。

3. 物质资源

物质资源是创业企业经营所需要的各种类型的有形资源，如建筑物、设施、机器和电脑、办公设备、原材料等。一些自然资源如矿山、森林等有时也会成为创业企业的物质资源。

4. 技术资源

技术资源包括关键技术、制造流程、作业系统、专用生产设备等。通常技术资源包括三个层次：一是根据自然科学和生产实践经验而发展的各种工艺流程、加工方法、劳动技能和诀窍等；二是将这些流程、方法、技能和诀窍等付诸实施的相应的生产工具和其他物资设备；三是适应现代劳动分工和生产规模等要求的对生产系统中所有资源进行有效组织和管理的知识、经验和方法。技术资源大多与物质资源相结合，可以通过法律手段予以保护，部分技术资源会成为企业的无形资产。

5. 组织资源

组织资源一般是指企业的正式管理系统，包括企业的组织结构、作业流程、工作规范、信息沟通、决策体系、质量系统，以及正式或非正式的计划活动等，有时候组织资源也可以表现为创业者或者创业团队成员个人的技能或能力。其中，组织结构是一种能够使组织区别于竞争对手的重要无形资源。那些能将创新从生产功能中分离出来的组织结构会加速创新，如能将营销从生产功能中分离出来的组织结构能更好地促进营销，因此组织资源在创业过程中十分重要。

（二）按存在形态分类

创业资源按存在形态进行划分，可以分为有形资源和无形资源。

1. 有形资源

有形资源是指具有物质形态的、价值可使用货币来进行度量的各种类型的资源，如组织赖以生存的自然资源，以及建筑物、机器设备、原材料、产品、资金等。

2. 无形资源

无形资源是指具有非物质形态的、价值难以用货币来进行精确度量的各种类型的资源，如信息资源、关系资源、权力资源及企业的良好信誉和形象等。无形资源往往是使有形资源更好发挥作用的重要工具。比如顾客往往会因为知名品牌所积累的良好信誉和影响力而愿意出高价购买其产品，这显示出无形资源的重要性。良好的企业形象对于企业的长久发展十分重要，比如2008年三鹿"毒奶粉"事件造成了极其恶劣的社会影响，作为问题奶粉的生产企业，三鹿企业形象遭受了极大打击，

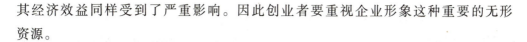

其经济效益同样受到了严重影响。因此创业者要重视企业形象这种重要的无形资源。

（三）按重要性分类

创业资源按其重要性进行划分，可分为核心资源和非核心资源。

1. 核心资源

核心资源包括技术资源和人力资源。这些资源涉及创业企业有别于其他企业的核心竞争力。企业所具备的知识产权技术受到国家法律保护，因此拥有核心技术可以极大地提高企业的竞争力、降低成本，从而获得更多的市场。核心资源往往具有不可替代性，因此也显得更加重要。

2. 非核心资源

非核心资源主要包括场地、资金和环境资源。这些资源是创业企业成功创办和持续经营的基本资源。

（四）按来源分类

创业资源按其具体来源进行划分，可以分为内部资源和外部资源。

1. 内部资源

内部资源是指创业者或创业团队自身所拥有的可用于创业的资源，如创业者自身拥有的可用于创业的资金、创业的技术、创业的机会信息、创业的人脉关系等。内部资源由于传播渠道有限，因此往往具有很强的竞争力，具备较多的内部资源的创业企业也就更具备竞争力。

2. 外部资源

外部资源是创业者从外部获取的各种资源，包括从朋友、亲戚、商务伙伴或其他投资者处筹集到的投资资金、设备或其他原材料等。很多创业者或者团队本身拥有的资源尚不足以支撑其发展，随着互联网的不断发展，目前以互联网作为外部资源获取各种创业资源来进行创业的大学生越来越多，比如很多大学生利用抖音、拼多多、淘宝、京东等电商平台进行创业，这些电商平台一方面为创业者提供平台和机会，另一方面通过已完善的机制为创业者提供稳定的客源。随着近年来直播电商的快速发展，越来越多的创业者借助这些平台进行直播实现B2C或B2B2C的商业模式。

三、创业资源的获取

创业资源的获取是指在确认并识别资源的基础上，得到所需资源并使之为创业服务的过程。创业资源的获取不仅决定着能否把创业设想转化为创业行动，而且决定着企业这一契约组织的形成方式。

(一) 影响创业资源获取的因素

影响创业资源获取的因素主要有创业导向、商业创意的价值、创业资源的配置方式、创业者的管理能力及社会网络等。

1. 创业导向

创业导向是一种态度或意愿，这种态度或意愿会使创业者进行一系列创业行为。创业导向会促进机会的识别和开发，进而促进资源的获取。因此，创业者要注重对创业导向的培育和实施，充分关注创业者特质、组织文化和组织激励等影响创业导向形成的重要因素，采取有效的方式来获取资源，并在资源的动态获取、整合和利用过程中，注意区分不同资源，充分发挥知识资源的促进作用。

2. 商业创意的价值

商业创意的构想是创业的关键环节。商业创意为资源获取提供了杠杆，但获取资源还有赖于商业创意的价值被资源所有者认同的程度。也就是说，只有当这种商业创意能够被资源所有者认同并且有价值时，它才可以帮助创业者降低获得资源的难度。往往具有新颖性、独特性的商业创意更容易获得资源。

3. 创业资源的配置方式

由于创业资源具有异质性、效用的多维性和知识的分散性，人们对于同一创业资源往往会有不同的效用期望，不是所有的期望都能依靠市场交换得到满足，有些期望是难以单纯依靠市场交换获得满足的。若通过资源配置方式创新，可以开发出资源新的效用，使之更好地满足资源所有者的期望，创业者就有可能从资源所有者手中获得资源使用权，以开展生产经营活动。

4. 创业者的管理能力

创业者的管理能力是企业软实力的主要表现，管理能力越强，获取资源的可能性越大。创业者的管理能力可以从其沟通能力、激励能力、行政管理能力、学习能力和协调能力等多方面予以衡量。创业者通过管理能力获取必要资源的同时，还能为创业企业创造良好的发展环境。创业者的管理能力在创业过程中显得尤为重要，创业者可以通过良好的管理能力不断地获取资源并实现企业的良好发展，因此创业者具备良好的管理能力是提高企业资源获取能力和综合竞争力的重要保证。

5. 社会网络

社会网络是机构之间及人与人之间比较持久的、稳定的多重关系结合而成的网络关系。由于创业资源往往广泛存在于各种资源所有者手中，这些所有者又处于一定的社会网络之中，而且人们对于商业活动的认识和参与客观上会受到自己所处网络及在网络中地位的影响，因此，社会网络对于创业资源的获取具有重要的意义。

不同的社会网络和网络地位，为人们之间的沟通协作提供了不同渠道。在社会网络中处于优势地位的创业者,具有较好的社会关系依托,可以有选择地了解不同对象的效用需求,有针对性地对不同对象传递商业创意,有目的地获取不同资源所有者的理解和信任,最终成功地从不同网络成员那里获取所需的资源,为自己进行资源配置方式创新提供基础。

除上述因素外,创业者的资源辨识能力和外部社会环境等也会对创业资源的获取产生一定影响。

(二)获取创业资源的途径

获取创业资源的途径可以分为两大类:市场途径和非市场途径。当创业所需要的资源有活跃的市场,或者有类似的可比资源进行交易时,可以采用市场途径来获取创业资源;其他情况下则可以采用非市场途径来获取创业资源。

1.通过市场途径获取创业资源

通过市场途径获取创业资源包括购买、联盟以及并购三种方式。

(1)购买。购买是指利用财务资源杠杆通过市场购入的方式获取外部资源,主要包括购买厂房、设备等物质资源,购买专利和技术,聘请有经验的员工及通过外部融资获取资金等。需要注意的是,诸如知识,尤其是隐性知识等资源,虽然可能会附着在非知识资源之上,通过购买物质资源(如各种机器设备等)得到,但很难通过市场直接购买,因此,往往需要创业企业通过非市场的途径进行开发或积累。

(2)联盟。联盟是指通过联合其他组织,对一些难以或无法自己进行开发的资源实行共同开发。这种方式不仅可以获得显性知识资源,还可以获得隐性知识资源。但联盟的前提是联盟双方的资源和能力互补且有共同的利益,而且能够对资源的价值及其使用达成共识。

显性知识是指可以明确表达的知识,即人们可以通过口头传授、教科书、期刊、专利文献、视听媒体、软件和数据库等方式获取,并通过语言、书籍、数据库等编码方式传播,也容易被人们学习的知识;隐性知识与显性知识相对,是指那种我们知道但难以言述的知识。

(3)并购。并购是指通过股权收购或资产收购,将企业外部资源内部化的一种交易方式,资源并购的前提是并购双方的资源,尤其是知识等新资源,具有比较高的关联度。

2.通过非市场途径获取创业资源

通过非市场途径获取创业资源包括资源吸引和资源积累等。

(1)资源吸引。资源吸引是指发挥无形资源的杠杆作用,利用创业企业的商业计划和创业团队的声誉,通过对创业前景的描述来获得或吸引物质资源、技术资源、人力资源和资金等。

（2）资源积累。资源积累是指利用现有资源在企业内部通过培育形成所需的资源。主要包括自建企业的厂房、设备，在企业内部开发新技术，通过培训来增加员工的技能和知识，通过企业的自我积累获取资金等。

究竟是选择通过市场途径还是选择通过非市场途径获取资源，主要取决于资源在市场的可用性和成本等因素。例如，如果证明资源快速进入市场后能够带来成本优势，则可采用外部购买方式。对于大多数创业企业来说，由于初始资源禀赋的不完整性，创业者需要获取资源所有者的信任来获取资源。但无论如何，采用多种途径同时获取不同资源总是正确的选择。

（三）获取创业资源的技巧

为了及时足额并以较低成本获取创业所需要的资源，创业者需要掌握一定的获取创业资源的技巧。

1. 充分重视人力资源的获取

人力资源在创业过程中十分重要，创业团队的建设是创业过程的重要内容。人力资源在创业资源中的决定性作用要求创业者必须充分重视人力资源的获取。创业者一方面应努力增强自身能力的培养；另一方面应充分重视创业团队的建设。一支知己知彼、才华各异、能力互补、目标一致和彼此信任的团队是创业资源中最为重要的资源，也是创业成功必不可少的保证。

2. 以能用和够用为原则

不是所有的资源都是企业的资源，创业者在获取资源时应坚持能用的原则，只有满足自己需求、自己可以支配并使其充分发挥作用的资源，才是需要获取的资源。

另外，资源的使用是有代价的，因此，在获取创业资源时应该本着够用的原则，而不是多多益善。一方面，资源的有限性使创业者难以筹集更多的资源；另一方面，当使用资源的收益不能弥补其成本时，资源的使用并不能给企业带来效益，反而会由于成本增加导致效益下降。

3. 尽可能获取多用途资源和杠杆资源

资源自身的特性不同决定了其用途的不同，有的资源可能在不同场合具有不同的用途，获取具有多用途的资源可以帮助创业者应对创业过程中出现的意外。在知识社会，具有独特创造性的知识是现代社会的高杠杆资源，对于杠杆资源的合理利用，有助于创业者取得一定的杠杆收益，达到事半功倍的效果。

四、创业资源的整合

创业资源的整合是一个复杂的过程，是创业企业对不同来源、不同层次、不同结构、不同内容的资源进行识别、选择、汲取、配置、激活和有机融合的过程，以使之具有更强的柔性、条理性、系统性和价值性，并对原有的资源体系进行重构，摒弃无价值的资源，以形成新的核心资源体系。创业资源的整合过程可以分为资源扫描、资源控制、资源利用和资源拓展四个步骤。

（一）资源扫描

资源扫描包括扫描创业者自身所具备的资源和创业所需的外部资源。

创业者要知道自己的资源禀赋及企业所拥有的最初资源，将已有资源识别出来，包括自己所有有价值的有形资产和无形资产，如人才、技术、设备、品牌等，找到自己的资源优势和不足，同时认清哪些属于战略性资源，哪些属于一般性资源，还要确定资源的数量、质量、使用时间及使用顺序。

扫描自身已有资源的同时，也要对外部环境进行扫描，及时发现创业企业所需的资源，确定自己所缺的创业资源可以从哪些渠道获得，以及谁拥有这些重要资源，并对各种资源渠道的获得难易程度进行排序；进而寻找利益交集，对资源所有者的利益需求进行深度分析，并与自己所拥有的资源进行比较，找到利益契合点。这通常需要创业者具有行业知识和一定的社会关系网络。创业者在初始创业阶段应利用与自己关系较近的资源网络，随着业务的向前发展而逐渐扩充这一网络。

（二）资源控制

资源控制的范围包括创业者自身拥有的资源、通过交易等形式可获得的资源，以及通过社会网络等形式可以控制的资源。在许多情况下，创业者自身拥有的资源（如教育、经验、声誉、行业知识、资金和社会网络等）存在于创业团队中。在特定的行业，创业团队中成员的社会网络资源和技术对于企业的成功至关重要。在获取资源的过程中，需要判断这些资源对实现企业的目标是否关键，并且创造性地设计出双赢的合作方案，形成长期互利关系。

（三）资源利用

在获取和控制大量资源的基础上，创业企业开始对这些资源进行配置和利用，将它们合理有效地配置到最能发挥其使用效益的地方，体现出这些资源的价值。企业资源在未整合时大多是零碎且低效的，要发挥这些资源的最大使用价值、产生最佳效益，就必须运用科学方法对各种类型的资源进行细化、配置和激活，将有价值的资源有机地融合起来，使它们相互匹配、互为补充、互相增强。

在配置资源之后，新的资源或者说竞争优势就会形成，企业必须利用区别于其他企业的这种优势来赢得市场。在资源整合并转化为企业内部的独特优势之后，创业者需要协调各种资源之间的关系，匹配有用的资源，剥离无用的资源，通过协调，使资源的联系更加紧密，更加具有匹配性，形成"1+1>2"的局面，并为企业下一步资源拓展奠定基础。

（四）资源拓展

资源拓展是将以前没有建立联系的资源建立联系，将新获取的资源与已有的资源进行有机融合，进一步开发潜在的资源为企业所用，这也是企业获得持续竞争优势的根本来源。开拓创造过程能为创业企业带来新的能力，从而使其能够更充分地发现和掌握创业机会。

拓展阅读　　　　　　小王创业失败了

小王一直想要创业，但是资金不足，因此他将名下房产进行了抵押贷款，获得了40万元，随后开了一家24小时便利店，前期投资花费了30多万元，加上日常运营费用，贷款所得资金已所剩无几。虽然便利店收益相对比较稳定，但是今年年初由于房租涨价导致收益减少，小王一时资金周转不过来。因无力偿还贷款，他的房子即将被银行拍卖。

案例启示：

从以上案例可以看出，在创业过程中，要预估创业所需资金数量，不能盲目进行投资。创业过程中所需资金除了一次性投入的各种设备、固定设施、办理营业执照等费用外，还需要考虑日常运营所需的营销费用、房租租金、水电费、交通费等费用，以及由于各种意外支出所需要的预备金。因此在进行投资决策时需要合理分配各项开支，避免由于各种意外原因导致的资金链断裂。创业所需资金是创业过程中所需要获取的重要资源，对于通过各种方式获得资金，既要求获取渠道合法，又要求所获取的资金足够使用。

任务二　构建商业模式

一、商业模式的概念

所谓商业模式，是指企业以自身所拥有的战略性资源作为依据，并结合市场情况和合作伙伴利益要求所设计的一种商业运行模式。商业模式的概念首次提出是在

20世纪50年代，是创业者将创业机会逻辑化和丰富化以后，用以满足顾客需求以及实现顾客价值的运行系统。商业模式的概念十分宽泛，它的内涵包括了企业的业务模式、盈利模式以及运营模式。

二、常见的商业模式

常见的商业模式包括B2B、B2C、B2B2C、O2O等。

B2B模式是指企业与企业之间进行服务、商品或者信息交易的一种商业模式。

B2C模式是指企业通过信息网络以及电子数据信息的方式直接向消费者提供服务、商品或者信息的一种商业模式，是非常常见的一种电子商务模式，如淘宝、天猫、京东等都是直接向消费者提供零售服务的B2C模式。

B2B2C模式是指Business To Business To Consumer，第一个B指的是商品或服务的供应商；第二个B指的是从事电子商务的企业，通过统一的经营管理对商品和服务、消费者终端同时进行整合，是广大供应商和消费者之间的桥梁，为供应商和消费者提供优质的服务，是互联网电子商务服务供应商；C则表示消费者，即在第二个B构建的统一电子商务平台购物的消费者。B2B2C源于目前的B2B、B2C模式的演变和完善，把B2C和B2B完美地结合起来，通过B2B2C模式的电子商务企业构建自己的物流供应链系统，提供统一的服务。

O2O模式是指Online To Offline，也就是将线上线下的模式相结合，利用线上平台实现线下交易的一种电子商务模式，像美团外卖、饿了么外卖、美团团购、拼多多团购、兴盛优选等都属于这种商业模式，这种商业模式的优点是可以有效整合线下资源，实现用户的便捷使用和减少成本。

根据商业模式中对技术的需求和所提供价值内容的不同可以将商业模式分为以下12种类型。

（一）以专有性技术为基础的一般性产品提供者

这种商业模式为顾客提供的产品是一般性产品，但是企业拥有竞争者所不具备的专有性技术。比如可口可乐公司、加多宝公司、红牛公司等，虽然这些企业所提供的产品属于一般性产品，但是由于其配方独特，因此其使用专有性技术来实现其技术优势从而和竞争对手抢夺市场。

（二）以共有性技术为基础的一般性产品提供者

这种商业模式为顾客提供的产品是一般性产品，企业也不拥有竞争者所不具备的专有性技术。比如通用汽车公司，虽然该企业提供的产品是一般性产品，也没有明显的技术优势，但是通过对消费者需求的正确把握，通用汽车公司通过合理的市场细分，为不同需求的顾客提供不同风格和样式的车型来获得消费者市场。

(三）以专有性技术为基础的知识性产品提供者

这种商业模式为顾客提供的产品是知识性产品，且企业有竞争者所不具备的专有性技术优势。比如英特尔公司、苹果公司、微软公司等企业，这些企业都十分重视对于技术的开发，拥有先进的技术研发团队。

（四）以共有性技术为基础的知识性产品提供者

这种商业模式为顾客提供的产品是知识性产品，但是企业没有竞争者所不具备的专有性技术优势。以戴尔公司为例，戴尔公司并不具备其他计算机公司所不具备的专有性技术优势，但是戴尔公司主要采用直销的销售方式，一方面通过减少中间商赚差价使得产品成本降低，从而降低售价，而且直销可以使得产品更加快速地到达消费者手里；另一方面通过和消费者直接沟通的模式，使消费者可以实现产品的定制，从而生产出更加贴合消费者需求的计算机产品。

（五）以专有性技术为基础的体验性产品提供者

这种商业模式为顾客提供的产品是体验性产品，且企业有竞争者所不具备的专有性技术优势。以法拉利汽车公司为例，其利用先进的赛车发动技术生产的赛车为顾客带来了独特的驾车体验。

（六）以共有性技术为基础的体验性产品提供者

这种商业模式为顾客提供的产品是体验性产品，且企业没有竞争者所不具备的专有性技术优势。比如法国著名品牌路威酩轩公司（LVMH公司），旗下品牌包括常见的路易威登、香奈儿、纪梵希、迪奥等，虽然该公司技术优势不明显，但是凭借独特的文化底蕴为顾客提供了独特的体验，因此十分受消费者喜爱。

（七）以专有性技术为基础的一般性服务提供者

这种商业模式为顾客提供的产品是一般性服务，且企业有竞争者所不具备的专有性技术优势。以沃尔玛公司为例，虽然其提供的是一般性服务，但是沃尔玛公司通过商用卫星的技术优势，实现了其他同类零售企业所不具备的全球全方位的信息共享。

（八）以共有性技术为基础的一般性服务提供者

这种商业模式为顾客提供的产品是一般性服务，且企业没有竞争者所不具备的专有性技术优势。比如国美、胖东来、卜蜂莲花等零售企业，虽然这些企业不具备技术性优势，但是由于产品质量好、价格实惠同样获得了消费者的青睐。

（九）以专有性技术为基础的知识性服务提供者

这种商业模式为顾客提供的产品是知识性服务，且企业拥有竞争者所不具备的专有性技术优势。比如谷歌公司，谷歌公司拥有很多专利技术，因此具备明显的技术优势，从而获得了很多用户。

（十）以共有性技术为基础的知识性服务提供者

这种商业模式为顾客提供的产品是知识性服务，且企业没有竞争者所不具备的专有性技术优势。比如腾讯、百度、雅虎等企业，虽然这些企业没有明显的专有性技术优势，但是也拥有大量的用户。

（十一）以专有性技术为基础的体验性服务提供者

这种商业模式为顾客提供的产品是体验性服务，且企业拥有竞争者所不具备的专有性技术优势。

（十二）以共有性技术为基础的体验性服务提供者

这种商业模式为顾客提供的产品是体验性服务，且企业没有竞争者所不具备的专有性技术，如迪士尼公司等。

三、商业模式的选择

商业模式的选择既要考虑顾客群体，又要考虑利润和价值。好的商业模式具有以下特征。

一是具有较大的利润空间且能够为顾客提供有价值的产品或服务，能够吸引顾客。一方面，只有顾客认为该产品或者服务有价值，顾客才有可能为其买单，所以好的商业模式所提供的产品或者服务要能够吸引顾客去购买；另一方面，利润空间不足必然导致创业风险增加，因此好的商业模式要有足够的利润空间。

二是风险可控。风险不可控的商业模式虽然有机会获得高额的利润，但是也必然伴随着高的风险，因此好的商业模式要求风险是处在可控范围之内的。

三是要具备一定的进入壁垒。比如需存在技术壁垒或者资源壁垒等，如果没有任何壁垒，行业无准入门槛，那么该行业往往竞争激烈。

四是定位要准确。准确的定位要求对市场进行细分，一方面要求创业者能够对市场进行差异化分析，进行独特的市场定位；另一方面要求创业者提供的产品或服务和竞争者的产品或服务有明显的区别，创业者提供的产品或者服务可以满足消费者的需求。定位准确要求创业者进行市场细分，并为已经细分的市场提供能够满足消费者的需求、有价值且独特的产品或服务，从而使消费者愿意为其产品或服务买单。

任务三　选择创业模式

一、创业模式的概念

创业模式是指创业者为了实现创业理想对各种创业要素的合理搭配。创业模式的选择十分重要，创业者往往可以根据自己本身所拥有的资源条件进行选择。如果创业者资金或者时间不足，往往可以采用兼职创业的形式，先积累创业经验和资金。

二、常见的创业模式

每个创业活动本身都是一个机会、资源、团队独特创新整合的过程，了解常见的创业模式，对大学生创业者获取创业机会和整合创业资源都是非常有意义的。创业的基本模式主要有创办新企业、收购现有企业、依附创业、SOHO创业、兼职创业等。

（一）创办新企业

创办新企业是创业的典型模式。与其他创业模式相比，创办新企业所面临的工作更多。例如，创办新企业要经过工商注册登记，为企业选择合适的形式（个人独资、合伙等）、地址，组建管理团队，办理税务登记等。但同时，拥有自己企业的成就感是其他创业模式所无法比拟的。另外，创办新企业没有人员、债务的包袱，创业者可以轻装上阵。

新企业形式的选择往往跟创业者自身所具备的资源以及所能筹集到的资源有关。如果创业者没有合作伙伴，那么创业者可以选择个人独资企业。个人独资企业的缺点是所有风险由创业者本人承担，因此如果企业运营出现问题，创业者就需要独自承担所有风险。合伙企业则是由两个以上合伙人共同出资设立，当创业者能找到值得信任的合伙人时就可以选择合伙企业的形式来进行创业。合伙企业的具体利润分配一般按照合同执行，如果合同没有明确约定则按照出资比例进行分配；如果出资比例不明确，就平均分配。同样，作为合伙人是共同承担企业的风险的，因此对比个人独资企业，合伙企业形式下个人承担的风险更小。除此以外还有有限责任公司的形式，有限责任公司由50个以下股东共同出资设立，而且对于有限责任公司来说，每位股东根据出资比例对公司债务承担有限责任，因此个人承担风险较小。

（二）收购现有企业

收购现有企业也是目前常见的创业模式之一，但一般普通大学生因不具备足够的资金和资源而难以选择该创业模式进行创业，因此这种创业模式并不适合在校的大学生。收购现有企业创业往往是已经具备一定资金和资源的创业者所选择的一种创业形式。收购现有企业创业有两种常见的方式：第一种是直接接手别人已经在经营的企业（或生意）；第二种是收购企业后对其进行重组、转卖。收购现有企业之前，首先当然要对被收购企业的情况进行全方位的评估，彻底了解收购该企业可能带来的负面影响，如资产负债高、资金缺乏、商誉不佳、产品利润率低等不利因素。如果作为收购者有办法控制或降低这些风险，有把握改善被收购企业的经营局面或通过业务转型实现超常的发展，或者发现了其资产的价值空间，就可以进行收购，否则一般不推荐收购者进行盲目的收购活动。如果收购者收购前并未做好详细的调查和规划则很容易出现收购后反而亏损的情况。

（三）依附创业

依附创业包括特许经营、代理经销等，是创业模式中内容最丰富的一种模式。这种创业模式不需要创业者去开发创意和产品，创业者需要关注的是市场营销问题。

1. 特许经营

特许经营是指特许人将自己所拥有的商标（包括服务商标）、商号、产品、专利（专有）和专有技术、经营模式等以合同的形式授予被特许人使用，被特许人按合同规定，在特许人统一的业务模式下从事经营活动，并向特许人支付相应的费用。

（1）特许经营的类型。

特许经营主要有以下三种类型。

一是生产特许。该类加盟商要自己投资建厂，使用盟主的专利、技术、设计标准等加工或制造取得特许权的产品，然后向批发商或零售商出售，加盟商不与最终用户（消费者）直接联系。如可口可乐的灌装厂、百事流行鞋等。

二是产品和品牌特许。在该类特许经营中，加盟商要使用盟主的品牌和有效的销售方法来批发、销售盟主的产品，加盟商仍保持其原有企业的商号，单一地或在销售其他商品的同时销售盟主生产并取得商标所有权的产品。此类型中的受许人通常属于零售商一级，该类特许经营主要流行于汽车销售、汽车加油站、自行车、电器产品、化妆品及珠宝首饰等行业。

三是经营模式特许。该类特许经营的主要特征是加盟商有权使用盟主的商标、商号名称、企业标识及广告宣传，完全按照盟主的模式来经营；加盟商在公众中完全以盟主企业的形象出现，盟主对加盟商的内部管理、市场营销等方面具有很强的控制。该类特许经营逐渐成为当今主导的模式，它集中体现了特许经营的优势，目前在很多行业迅速推广，如快餐食品（麦当劳、肯德基、华莱士、好利来等）、旅店（如家酒店、万豪酒店、香格里拉酒店、七天连锁酒店等）、汽车租赁以及各种服务性行业。

以上三种特许经营类型的比较如表5-1所示。

表5-1 三种特许经营类型的比较

特许内容	生产特许	产品和品牌特许	经营模式特许
授权主要内容	商标/标志、专利、生产技术、产品生产权、产品分销权	商标/标志、产品分销权	经营模式、单店VIS系统、单店运营管理系统、产品分销权
特许人特征	强势品牌、专利和专有技术持有者	品牌制造商	拥有全面自主知识产权的企业
特许人战略控制	专利、专有技术、原材料等	货源、价格	全面统一管理：品牌、经营计划、选址、VIS、配送、促销、价格、管理制度、培训等
加盟商获利来源	生产利润、分销利润	分销或零售利润	服务利润、零售利润和财务利润
主要应用领域	生产制造	商品流通	服务领域、商品流通领域

（2）特许经营成功的关键。

特许经营成功的关键即标准化（standardization）、专业化（specialization）和简单化（simplification），即为"3S"原则。"3S"原则是特许经营的基本原则，因为特许经营的本质是工业产权/知识产权的转让，而"3S"原则的执行正是这种转让使双方都能获取最大效用的手段。

标准化：是为了利于特许经营模式的复制、利于经营体系的关联和控制或保持整个体系的一致性，这是特许经营的优势和竞争力之一。标准化是指特许人对其业务运作的各个方面，包括流程、步骤、外在形象等方面，经过长期摸索或谨慎设计之后提炼出的，并能够随着特许经营网络的铺展而适应各个地区加盟店的一套全系统标准化的模式。

专业化：是指特许经营体系各个基本组成部分的总体分工。特许经营网络为了保障这个可能很庞大的体系的良性运转，必须把不同的职能交给不同的部分来完成，各个部分有机协调、合作的结果才能使特许经营体系成为一个具有自我发展和良好适应外部环境能力的有机整体。

简单化：是指作业流程的简单化、作业岗位活动的简单化，由此可以使得员工节省精力、提高工作效率，从而以最少的时间和体力支出获得最大的效益。在管理实践中，特许人一般都会对作业流程和岗位工作中的每一个细节进行深入研究，并通过手册归纳总结出来以实现其作业流程的规范性和简便性。例如，麦当劳手册中详细规定了奶昔员应当怎样拿杯子、开机、灌装奶昔直到售出，使其所有员工都能依照手册规定操作，即使新手也可以依照最有章法的工作程序迅速解决操作问题。

（3）特许经营的步骤。

特许经营创业的成败与特许经营企业（盟主）的品牌和支持密切相关，加盟商可以通过以下三个步骤来进行特许经营模式的创业。

第一步：选择行业。

加盟时要选择自己熟悉的领域，或者至少是自己感兴趣的领域。加盟商多是中小投资者，本身有一定的资金压力，要根据自己期望的资金回报率来选择行业。不同行业都有自身的特点，例如，餐饮业的毛利高、分类较细，其中火锅、快餐相对容易复制，中西式正餐较复杂，也多以直营为主；教育类服务的口碑、所在店址的辐射区域都会决定经营状况，以服务为主导，对教师的要求很高；美体健身业的装修、器械成本高，多采取预收款办卡制，资金回笼问题不大，但不同商家的服务同质性较高。

第二步：选择盟主。

加盟商可以从以下六个方面对盟主进行考察。一是看直营店，特许经营考验着盟主和加盟商一起把店开好的能力，好的品牌一定是直营先做强再做大。二是看加盟店的统一性，如视觉识别系统、陈列、面积、服务态度等，一般直营店经营得好，其加盟商才有可能复制直营店的商业模式获得成功。三是看二次加盟商的数量和比例，这些人之所以开第二家、第三家店，是因为第一家店能够盈利，重复加盟体现了可复制性，因此一般而言二次加盟商越多则代表这个盟主越可能值得加盟。四是看新产品增长率，是否推出新产品，是否具有让老店继续盈利增长的能力。五是看特许经营合同，合同越厚越好，越薄越麻烦。合同越厚代表企业管理越深入细致，那么对于加盟者而言就越少走弯路。六是看对方有几个品牌，最好选择单一品牌专注经营的，多品牌经营很难做大。品牌太多，一方面盟主管控容易出现疏漏，导致加盟店品质良莠不齐，对于加盟者来说需要承担的风险就更高，很容易出现"一粒老鼠屎坏了一锅粥"的现象，由于监管不严可能导致个别加盟店因质量把控等问题造成消费者的反感，容易导致消费者对整个加盟品牌的好感度降低，品牌信誉和形象难以保证；另一方面，多品牌经营的盟主极有可能是通过赚取加盟者的加盟费来盈利的，对加盟者的扶持力度一般比较差，可能会出现遇到问题联系不上总部、遇到问题总部不予解决的情况，那么针对多品牌经营的盟主就需要更加注重考量其每个品牌的影响力如何，并通过对当地已经加盟的企业进行实地考察，来做最后的决策，因为有些"骗子"就是用多品牌运作的，所以作为加盟者针对多品牌运营的企业应该格外谨慎。除此之外作为加盟者还需要考量加盟费用、后期由盟主供应的产品的原材料费用，以及运营过程中的其他费用等，慎重考虑和比较不同盟主所需要支付的加盟费、原料费等成本，以及在实际运营过程中盟主能给予加盟店的扶持力度大小、加盟所能获得的可能利润大小等，尽量选择总投资少、预期效益佳的盟主进行加盟。

第三步：维护好双方关系。

加盟意味着双方要维持长久的关系，要有协议对经营的各方面进行详尽约定，协议越完整越好，因为可以对各种情况加以明确，来避免日后可能产生的各种各样的纠纷。加盟商要使用盟主的特许经营资源、商标、形象，要有维护品牌的意识；要认同总部的经营理念，遵循总部的规律，但也可以有所创新，经过总部同意，可以根据当地的情况做一些有特色的服务或宣传。盟主和加盟者之间可以说是整体和部分的关系。一方面，加盟者们和盟主构成了一个整体，消费者往往把加盟者和盟主看作是同一个整体，如盟主出现任何质量问题，消费者则会认为加盟者也存在着同样的问题，因此，盟主和加盟者是"一荣俱荣一损俱损"的关系；另一方面，加盟者既是盟主构成的一部分，又可以体现出不同于盟主的特色，例如很多餐饮企业的加盟店往往根据本地人的口味特点设计餐饮口味，不同地方的同一加盟店可能口味不尽一致，而且很多加盟店往往还会根据当地的常见蔬菜、水果调整部分原材料，以实现经济性。鉴于盟主和加盟者这种既相互联系又相互区别的关系，双方应该保持良好的战略合作伙伴关系，以促进彼此的共同发展。

2.代理经销

代理经销是一种常见的创业模式，创业者首先要理解代理商、经销商与分销商的基本概念。

代理商是代理厂家打理生意，由厂家授权在某地区经销某种产品的商户，不需要买断厂家的产品。其对产品的销售价格无自主权，受厂家的约束较多，成为代理商的条件（主要是考察代理商在当地的市场网络基础、经验与信誉等）也比较苛刻，但代理商并不承担产品无法售出的风险，甚至不需很大的资金投入，所代理产品的所有权属于厂家。

经销商是经营某种产品的商户。其一般与厂家签订销售合同，预付一定的保证金（或货款的一部分甚至全部，具体可以谈判，进货价一般随着批发量的增加而有所优惠），销售价格一般由经销商自己决定。厂家不直接干预价格的确定，也不对产品销售情况的好坏承担责任，不退货，最多只对质量有问题的产品予以退换，其余问题一概由经销商负责。经销商的利润来源于进销差价，所以对于经销商来说风险较大，但利润空间也较大。

分销商是指从经销商处分销产品的商户。其价格通常受经销商控制，不与厂家发生关系，所需的资金较少，风险相应小一些，但利润空间也较小。

代理商和经销商的区别主要在于是否从厂家购买产品，取得产品所有权。代理商是代理厂家进行销售，本身并不购买厂家的产品，也不享有该产品的所有权，其关系是厂家—代理商—消费者；而经销商从厂家处购买产品，取得产品所有权，然后销售，其关系是厂家—经销商—消费者。随着市场经济的发展，现在市场上所称的代理商更多具备的是经销商的性质，还有一些属于二者的混同体，即有一定代理权的经销商。国外企业进入中国，往往会通过代理商来开发市场，而国内企业则更青睐于经销商模式。

拓展阅读 大学生创业者选择代理或经销产品时应注意的问题

大学生创业者进行代理或经销创业的第一步在于选择有发展前景的产品，在选择产品时应注意以下五点问题。

（1）选择的厂家要有较强的研发能力和资源优势。这些背景有助于深入了解该产品的技术含量及相应的宣传策略，也是赢得市场的根本保障，能够给创业者和消费者增加信心。

（2）产品最好是上市不久，属于起步阶段。因为这类产品新近推出，品牌知名度尚未打开，竞争对手还无暇顾及或未引起足够的重视，厂家对代理商的选择要求也不会很高，创业者运作的空间较大，而且作为一个上市新品，在市场推广的具体操作中也容易赢得厂家的关照和支持。

（3）卖点突出，差异化明显。在当前众多的同质化产品中，经销商所选择的产品要尽可能凸显个性，不要贪图抵扣率、大差价而迷失方向。很多行业的竞争都很激烈，如果选择的产品没什么特色，今后的市场运作将很困难。

（4）价位基本上在目标消费者能够接受的范围。价位偏高，虽说经销商的利润空间增大，但市场推广慢，难以吸引更多的购买群体；相反，价格偏低，自身面临的产品推广、终端运作、配送服务上的成本太高就会冲淡利润。因此合适的价位也是要考虑的重要因素。

（5）谨慎选择冷僻产品。如果选择跟风产品，前期可以规避一些市场风险，但获利空间随着竞争的日趋激烈将不断缩小，也难以产生品牌效应，产品运作的生命周期就短。另外，如果选择过于超前的高科技产品，虽然蕴含着巨大的产业前景，利润空间大，但相应推广的要求也高，市场培育期长，不太适用于资源有限的创业型经销商或代理商。

（四）SOHO创业

SOHO是Small Office和Home Office的缩写，也就是"小型办公或在家里办公"的意思，SOHO创业者特指那些在家办公的自由职业者，这些创业者包括作家、自由撰稿人、自由音乐人、画家、美编、游戏职业玩家、网站设计人员、网络主持、网络主播、网络翻译等。形象地说，SOHO算是"个体户"在互联网时代的一种"升级版本"。从事SOHO创业的人大多是20~30岁的年轻人，能熟练操作计算机，经常使用互联网，了解各种热门信息，属于当今时代的"新新人类"。对于大学生这个群体，我们强调的SOHO族是指基于互联网、按照自己的兴趣和爱好自由选择工作、不受时间和地点限制、不受发展空间限制的自由职业者。

SOHO族分个人和团体两种。在新生代的SOHO族中，有的是个人独立接活，并独立完成相关任务。这类SOHO族主要适合于那种比较注重独创性的业务，追求创意性和风格的独特、个性。如自由撰稿人、音乐人、画家、平面设计师、自由摄影师等，可以认为是Home Office的代表。稍微复杂一点的就是以所谓小型"工作室"的形式开展业务，几个志同道合的朋友相互合作，以便完成更复杂、要求更高一些的工作，如从事动画制作、简单的游戏制作、礼品、配送、理财与投资顾问、幼儿教育、家政、商务代理、广告与音乐制作等业务，以及婚礼、联谊会、发布会、驴友俱乐部等之类的活动策划和项目策划。这可以认为是Small Office的代表。二者之间在工作和生活方式上的差别并不十分明显，不同的人可以根据个人的特点、性格及能力，选择更适合自己的SOHO创业方式。

鉴于SOHO族的经济收入和社会地位，很多人把他们称为"自由白领"。他们同时也要面对和承受一些因此产生的烦恼。在家工作，容易产生惰性，工作效率不高，并且少了同事间的情感互动、互相启发，个人的创造力也会大打折扣。没有公司与团队做后盾的SOHO人士注定要面对更多的寂寞和压力，甚至可能出现"SOHO综合征"，如头痛、头昏、失眠、工作效率下降、注意力不集中、记忆力减退、不愿与人交往等。因此，只有那些具有很强的自律性和毅力，并且身心健康的人才适合SOHO创业。

（五）兼职创业

大学生兼职创业是指大学生不放弃或中断自己的大学学习，在课余时间从事创业活动的创业模式。这种模式要求大学生在创业的同时不影响大学课程的学习，因此选取此种模式的创业者在创业活动中所涉及的行业，通常都是对创业者时间投入要求较灵活的行业，而创业者本人对于学习和创业的时间、精力安排必须合理，否则可能造成两头皆失的糟糕结果。

从大学生创业者的角度来看，选择此种模式主要有以下几种情况。

（1）为大学学习服务，即创业是为了更好地完成大学的学习。通常可以归为两类：一类是为了筹集学费、生活费而创业；另一类是为了锻炼自己的实践能力而创业。

（2）降低创业的风险，即大学生创业者认为直接全职创业的风险太高，保守起见，选择兼职创业。

（3）由于大学生对于家庭、社会的依赖，大学生在选择创业模式时，往往需要征得家庭、社会的同意。

兼职创业对于尚没有足够创业经验以及创业资源的大学生来说是十分可行的一种创业方式，一方面兼职创业可以为以后创业积攒经验和各类资源，另一方面，大学生可以根据自身课程灵活安排创业方向、创业时间和地点，而且大学时期与室友等人共同学习生活往往情谊深厚，会更容易获得室友等人的支持。例如当前十分火热的地摊经济，就可以作为大学生兼职创业的一种方式。摆地摊成本低，对于大多数经济尚不能独立的大学生来说无疑是一种很好的选择。在时间和地点选择上摆地摊也十分灵活，但是需要注意，要摆在人流量适中且允许合法摆摊的位置，不能占道经营。随着地摊经济的活跃，很多在校大学生以及大学毕业生选择了摆地摊的方式进行创业，很多人选择了比如卖小吃（烤肠、紫菜包饭、冰糖葫芦等）、卖鲜花、卖气球、画人物素描肖像、卖自己设计的文创产品，等等。

项目实训

实训一

创业资源获取

同学们在课堂上已经了解了常见的创业资源有哪些，以及创业资源的分类，那么请同学们3~5人为一个小组共同完成创业资源的获取。

第一步：讨论并确定小组拟创办企业名称、经营范围以及所需要的创业资源种类，通过讨论，完成下表。

拟创办企业名称	经营范围	创业所需资源

第二步：和成员们讨论自身所具备的资源种类有哪些，以及需要从外部获取的资源有哪些。讨论并确定需要从外部获取的资源可以通过哪些途径获得，通过讨论，完成下表。

团队自身所具备资源	需要从外部获取的资源	资源获取的可能途径

第三步：和成员们共同讨论所需资源可能的获取途径以及该途径的优势和劣势，通过讨论，完成下表。

资源可能的获取途径	优势	劣势

实训二

创业模式选择

和同学们一起讨论，如果自己创业会选择什么样的模式，完成以下表格。

选择创业模式类型	选择该类型的人数	选择该模式的原因	主要竞争对手的创业模式
创办新企业			
收购现有企业			
依附创业			
SOHO创业			
兼职创业			

实训三

商业模式构建

项目名称	商业模式构建	学时	4
项目实施条件	硬件环境：普通教室、机房 软件环境：无 实施方式：小组	项目实施场地	

续表

项目描述	1.实训目的： (1)生成核心商业逻辑。 (2)构建完整商业模式。 2.实训课时：4个课时。
项目要求	3.实训方法与步骤： 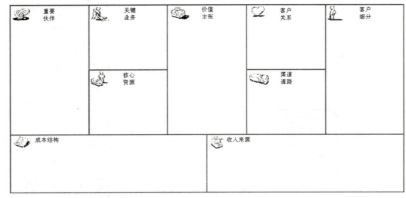 图　商业模式画布 (1)客户细分：明确目标客户是哪些具有共同需求的群体。 (2)价值主张：企业未来可以为客户带来哪些独特的价值内容。 (3)渠道通路：企业可以通过哪些具体途径（如线下门店）将企业价值传递给目标客户。 (4)客户关系：企业通过什么方式建立或维持客户关系，如会员、智能推荐等。 (5)关键业务（活动）：为了向客户提供产品服务、实现自身盈利，需要开展哪些特殊而重要的业务（活动）。 (6)核心资源（能力）：开展上述关键活动，需要具备哪些重要而不可或缺的资源（能力）。 (7)重要伙伴：哪些关键活动或核心资源需要外部伙伴来承担，进而指出合作伙伴类型或具体身份。 (8)收入来源：企业可以对哪些产品收费，以及可以如何收费。 (9)成本结构：开展上述活动需要运用哪些重要的成本类型。 (10)商业模式可视化：将目标客户、核心企业与核心伙伴之间的关系进行可视化，即用可视化示意图呈现核心商业逻辑。

项目评价	评价内容	配分	考核点	备注
	职业素养与操作规范(30分)	10	团队协作分工明确合理	
		20	按时提交可视化成果	
	作品 (70分)	20	商业逻辑清晰，解决方案能够消除或缓解客户痛点	
		20	商业模式要素完整	
		30	商业设计具有创新性	

本章小结

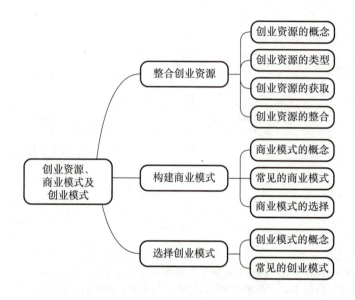

思考与练习

1. 实地调查当地一家创业企业,了解其创业过程中所需要的资源种类及其获取方式和技巧;了解其创业所需的资金数额及其资金来源和具体用途。

2. 了解一个创业失败的案例,分析创业者失败的原因,重点分析在创业资源、商业模式和创业模式方面导致其失败的因素。

3. 假设你是一个即将毕业的大学生,准备毕业后进行自主创业。请根据你选择的创业机会,分析以下问题。

(1) 列出创业过程中可能需要的资源和需要继续获取的资源。

(2) 列出你准备获取这些资源的具体途径和方法。

(3) 估算创业所需要的具体资金范围和资金拟用途。

(4) 收集你所在的城市、大学或你计划投入的行业是否对创业活动有政策性的扶持,并从中筛选出你可能用到的政策。

(5) 以小组为单位,3~6人为一个小组,进行创业模拟讨论,讨论具体选择项目、所需资源情况,以及商业模式、创业模式的选择。

项目六 制作创业计划书

/ 内容提要 /

对于众多创业者来说,创业计划书是进行融资的必备文件。近年来,创业融资的程序日益规范,作为投资公司进行项目审批的正式文件之一,编写创业计划书已经成为越来越多创业者的"必修课程"。

本章将从创业计划书的作用、结构出发,对如何制作一份高质量的创业计划书进行详细阐述。

/ 学习目标 /

知识目标
- 了解创业计划书的作用和基本结构
- 熟悉创业计划书编写的准备工作
- 掌握创业计划书各项具体内容的编写方法与检查要点

能力目标
- 能够独立或与他人合作编写一份完整的创业计划书
- 能够对创业计划书进行检查与修改

素质目标
- 培养团队协作精神、团队互助意识

引导案例：如何做好创业计划书

想要完成一份出色的创业计划书，首先要获得好的创业创意。创业创意的来源十分广泛，一方面我们可以通过解决目前可能存在的问题，比如困扰很多中年人士的脱发问题，现有的产品防脱发效果不佳，防脱发及生发产品鱼龙混杂，尚没有出现完全可以帮助脱发人士解决困扰的产品，如果通过改进技术或者产品满足顾客对于防脱发及生发的需求，那么这无疑将成为一个好的商业创意；另一方面我们可以通过把握未来的发展方向，比如当代虚拟现实、人工智能等新技术发展迅速，那么进入人工智能、虚拟现实的相关领域，通过技术变革，生产出更符合当代人需求的相关产品也不失为一种好的商业创意，当然我们还可以借鉴其他公司的产品和技术，通过将两种以上的产品或技术进行组合，也可以获得不错的商业创意。同学们在选择商业创意的方向时可以结合自身爱好选择自己热爱的领域，也可以根据自己的专业选择自己擅长的领域。而对于想要创业但是资金不足的同学们，既可以通过各种途径获得融资，又可以通过兼职创业的形式来进行创业，以便进行资金的积累。

以下是一份大学生餐饮创业计划书。

摘要：通过调研发现，对于大学生群体来说，生活费中最大的支出就是餐饮支出，占学生整体支出的三分之一至三分之二。因此在大学附近开一家餐饮店无疑是一项不错的选择，一方面大学生群体市场广阔，另一方面学校食堂一般是大锅饭，很难满足学生们个性化的需求。

（一）项目概况

1. 项目目的

在学校附近经营一个价格适中、品种多样，兼具休闲娱乐功能的快餐店。

2. 项目名称

广式快餐。

3. 项目内容

提供早餐、午餐、晚餐、特色冷饮和休闲餐饮。

4. 开办地点

广东省广州市某某大学附近。

5. 经营宗旨

绿色食品，健康营养，价格公道，特色鲜明，服务学生。

6.经营特色

(1) 早餐以各种广式的茶点和小吃为主,品种多、口味全、营养丰富,使就餐者有多种选择。

(2) 午餐和晚餐则有中西不同口味的菜式,且提供各种冷饮、糖水和小食,如果汁、冰粥、刨冰、冰豆甜汤、冰冻咖啡、水果拼盘、奶茶、果茶、凉茶、烤肠、烤串、糖炒栗子、烤红薯、冰糖葫芦、炸鸡腿、炸鸡翅、炸香蕉、炸薯条等。

(3) 全天提供各色餐点、冷饮、热饮。

7.经营理念

特色饮食,微笑服务。

(二) 市场分析与餐厅定位

随着经济的不断发展、生活的不断改善,填饱肚子不再是人们对饮食的要求。人们现在追求的是绿色食品,干净卫生、有特色的餐饮,本餐厅就是在此基础上开办的。大学生群体对于餐饮的口味需求多种多样,因此本餐厅通过提供多样化的餐饮服务,为大学生提供更多的选择,满足不同群体的口味需求。

1.大学食堂的优点与不足

众所周知,大学食堂的饭菜虽然价格低廉,但是普遍质量不高,仅仅解决了学生们的温饱问题,不能满足不同群体对于餐饮的不同口味需求。因此,如果大学附近能有一家具备如下条件的餐厅出现,相信一定会受到学生们的欢迎。

(1) 距学校很近。

(2) 就餐环境干净卫生。

(3) 饭菜可口,营养丰富。

(4) 价格适中。

(5) 种类多样,类型丰富。

2.中西合璧

随着世界交流的增加,越来越多的西餐厅在中国设立。由于高校学生经常接触西方文化,从而让他们对西方的食物充满好奇。因此,餐厅可以中餐为主、西餐为辅,以满足学生多样化的饮食需求。本餐饮店内提供三明治、汉堡、比萨、薯条,以及各种炸鸡产品、意大利面等,满足大学生对于西式餐饮的需求。

3.兼具休闲功能

大学的学生人流量大,但是专为学生提供休闲场所的餐厅却并不多。

因此，本餐厅除了提供中西餐以外，还通过提供各种冷热饮、校内外歌手驻唱服务，合理安排餐厅布局，使其具备休闲及娱乐功能。餐厅中心位置设置表演舞台，安装配套音响设备，晚上9：00至10：30提供特色音乐表演，邀请校内外歌手表演，学生通过微信小程序可进行点歌。

4.主要竞争对手——校内餐厅

（1）成立时间：不详。

（2）所在位置：某某大学内。

（3）优势：开办时间较长，在学校内部，交通便利，有固定客流，午餐、晚餐有特色，人气较高。

（4）主要经营项目：早餐、午餐、晚餐。

（5）主要问题：餐厅长时间风格未做改变，饮食种类几乎没有变化，对消费者而言毫无新鲜感。

（三）开办流程

（1）筹措资金50万元，其中，家人资助40万元，贷款10万元。

（2）租用场地，签订租赁合同。

（3）装修餐厅，装修风格应简朴、自然，并富有现代气息。墙面采用偏淡的暖色调，厨房布置合理精致，采光性好，整体感观介于家庭厨房与酒店厨房之间。

（4）采购厨房设备、桌椅、碗筷等餐饮用品。

（5）申办营业执照、卫生许可证、物价审批、环保审批、消防审批、市容审批、酒类经营许可证、烟草专卖证、税务登记证等。

（6）刻公章，到银行开户。

（7）聘用中西餐厨师、杂工等，签订合同。

（8）联系原材料供应商，与之签订合作合同。

（9）聘用勤工俭学的学生为服务员，谈好薪资、工作时间、工作内容，签订劳动合同。

（10）在各高校进行宣传，正式开张营业。

（四）营销策略

1.开业初期营销策略

（1）通过资助大学生的一些活动，在各高校广为宣传，宣传的重点如下。

第一，菜品丰富，口味独特，味道鲜美，让您流连忘返。

第二，绿色食品，营养丰富，纯天然，无污染。

第三，中西合璧，提供精致的中西餐。

第四，提供丰富的冷热饮，免费提供茶水。

第五，环境幽雅，干净卫生，适合休闲。

第六，好吃不贵，价格公道。

第七，提供外卖，送餐到床前。

第八，微笑服务，让您宾至如归。

（2）通过菜品打折、推出特价菜、赠送饮料等优惠措施吸引学生前来就餐。

2.开业后营销策略

（1）不定期推出一些特色菜品，让顾客常吃常新，从而不断刺激顾客的消费欲。

（2）在情人节、劳动节、国庆节、圣诞节等节假日开展有针对性的促销。例如，可在情人节推出优惠价情侣套餐，在圣诞节推出优惠价西餐等。

（3）以优惠价帮助学生举办生日宴、班级宴等。

（4）逐步积累若干招牌菜，让它们成为餐厅的名片。

（5）密切关注学生的消费动态，如学生的口味变化、消费习惯变化等，使餐厅能紧跟时代潮流。

（6）密切关注各学校的动态，从而不断寻找一些包餐、送餐机会。

3.微笑服务，真诚到永远

餐饮属服务性行业，良好的服务态度至关重要。本餐厅推崇微笑服务，作为餐厅的一员，不管是餐厅管理者，还是服务员，面对顾客均需要微笑服务，真诚待人。

通过培训、搞活动、评选优秀员工等，让员工树立主人翁意识，做到服务热情、主动、有亲和力，把餐厅的事当作自己的事，从而时刻注意维护餐厅的形象。

4.暑假与寒假的营销策略

暑假期间虽然客源会骤降，但毕竟还有部分留校学生、附近居民及上班族前来就餐，届时可采取减少生产量、转移服务重点等方式改善暑期的经营状况。寒假期间可考虑停业一个月，以减少不必要的成本支出。

（五）人员配备及各岗位职责

1.餐饮经营者职责

（1）拥有餐厅的决策权，对餐厅成员有聘用和解雇的权力。

（2）确定餐厅员工的薪资，安排员工的休假时间。

（3）监督员工的工作态度，有奖有惩。

（4）鼓励员工爱岗敬业，使整个团队充满活力。

（5）收集顾客的反馈意见，不断改进菜品质量，增强菜品特色；不断改进员工的服务态度，强化员工的服务意识；不断改进餐厅的经营管理方式，使餐厅保持活力、凝聚力和向心力。

（6）管理餐厅财产，掌握和控制好各种物品的使用情况。

（7）及时处理经营过程中出现的各种问题。

2. 中餐厨师职责

（1）制作每日早餐、午餐和晚餐。

（2）遵守作息时间，准时开餐，不擅离职守，不得无故旷工。

（3）遵守安全操作流程，合理使用原材料，节约水、电、燃气等。

（4）上班时穿厨师专用服，注意个人卫生，在工作时间不抽烟，安全烹饪。

（5）努力制作特色饮食。

3. 西餐厨师职责

与中餐厅厨师职责相同。

4. 服务生（3人）职责

（1）微笑服务，礼貌待人。

（2）每日营业前整理好桌椅、餐布，搞好餐厅卫生，准备好各种用品，确保餐厅正常营业。

（3）顾客到时及时安排入座，主动介绍本餐厅的特色饮食。

（4）对顾客礼貌，对顾客的非私人问题有问必答。随时留意客人情况，为客人提供周到的服务。

（5）工作中遇到自己不能解决的问题，及时向餐厅管理者汇报，请其帮忙解决问题。

（6）顾客离开后，注意是否有遗留物，若有，速交柜台，然后迅速整理餐桌，做好下一桌客人到来之前的准备。

（7）下班前检查工作区域是否关灯、关窗，电源是否切断，确保餐厅安全。

（8）与同事建立良好关系，互相帮助，遵守餐厅规章制度。

此外，餐厅中还有采购、洗菜、切菜、配菜、杂务等人员。

（六）市场进程及目标

1. 半年期目标

慢慢吸引顾客前来就餐，努力在半年内收回初期投资。提升知名度、美誉度，积极进行市场调研，努力开发新的饮食产品，为餐厅的进一步发展积蓄资本。

2.两年期目标

进一步健全餐厅经营管理制度，确定自己的特色菜及特色服务，相继推出各类活动，使固定顾客人数进一步增加，餐厅运营步入稳定良好状态。

3.五年期目标

经营稳定后，可以考虑扩大经营，如扩大餐厅的面积、寻找新的经营场所做连锁经营等，并慢慢打造自己的品牌，向专为学生提供饮食的餐饮品牌方向发展。

（七）财务计划

1.现金流量表

（1）初始阶段的成本主要包括：3个月房租与1个月押金合计80000元（20000元/月），房屋装修费80000元，厨房用具及就餐桌椅等购置费80000元。

（2）运营阶段的成本主要包括：员工工资、原料采购费、房租、税费、水电燃气费、杂项开支等，估计每月需支出63000元。

（3）将剩余资金作为预备金，以应付开业时客人较少的情况和其他突发情况。

2.预计损益表（主营业务收入）

根据调查，可大致估算出每日营业额约为3000元，按收益率30%计算，每日纯利润约为900元，则每月纯利润约为27000元。由此可计算出投资回收期约为6个月。

（八）风险及对策

1.资金方面

为防止资金回收较慢、资金链发生断裂，需要留有一定的备用金。

2.资源方面

本餐厅的原料主要以果蔬、豆类、菌类为主，是当今最受欢迎的绿色天然无污染食品，尤其是本餐厅以绿色食品为主，因此，要与原材料供应商建立长期友好的合作关系。

3.经营方面

餐厅长时间经营，顾客会对餐厅的饮食感到厌倦，对一成不变的餐厅风格感到审美疲劳，为此要适时地改变菜式和餐厅的风格。

4.管理方面

（1）为防止厨师被挖角而辞职，餐厅管理者需对餐厅的特色菜有一定的了解,并及时聘请其他厨师开发其他特色菜。

(2)应与厨师和服务员建立良好关系,尽可能给予较高的报酬,适时听取他们的意见,不断改进管理方式。

创业计划书是创业者对企业发展的整体规划,它不仅是企业融资所必须具备的基本工具,更能够使创业者通过计划书的编写重新审视企业的经营情况,深入了解企业的核心竞争力,评估企业的发展策略。上述创业计划书可以说是做得相当全面的,内容丰富,看到这份创业计划书,就像看到了一个整装待发的创业者。

任务一 创业计划书的概念与作用

一、计划

(一)计划的概念

计划是指人们为了实现某一目标或者目的而提前进行的规划,往往包含具体的行动方案。

(二)计划的作用

计划的作用主要体现在以下四个方面。

第一,计划可以应对变化以及各种不确定因素和各种风险;

第二,计划可以使组织集中精力实现该目标或者目的;

第三,计划是控制的基础,例如针对各类可能出现风险的控制;

第四,计划可以合理分配各类资源,使得组织经济结构更加合理。

二、创业计划书的概念

创业计划书又称商业计划书,是指创业者就某一具有市场前景的新产品或服务向风险投资者游说,以取得风险投资的商业可行性报告。

创业计划书是创业者叩响投资者大门的"敲门砖",是创业者计划创立业务的书面文件,一份优秀的创业计划书往往会达到事半功倍的创业效果。

三、创业计划书的作用

一份优秀的创业计划书不仅能够吸引投资者的眼球,更能够有效地指导企业经营,帮助创业者厘清未来的发展思路。因此,在具体的创业实践中,创业者一定要重视创业计划书的价值与作用。具体来讲,创业计划书具有以下作用。

(一)创业计划书是创业者把握企业发展的总纲领

创业者通过制作创业计划书,能够明确创业方向、厘清创业思路。创业计划书的写作是一个较长的过程,创业者需要根据企业的实际情况进行不断的调整和完善。在这一过程中,创业者或者改变销售策略,或者更新经营思路,或者认识到某一方面的错误与不足,甚至改变了总目标下的某一部分目标,这些都有利于企业的良性发展。总之,对创业者来说,创业计划书无异于总纲领和总路线。

(二)创业计划书是创业团队及合作者共同奋斗的动力和期望

创业计划书是创业者对理想的现实阐述,是理想与现实的连接桥梁。创业企业的预期目标、战略、进度安排、团队管理等方面都是创业者理想的具体化图景,是创业团队奋斗的动力。明晰的创业计划有助于统一思想和路线,有助于创业团队成员步调一致、有的放矢。创业计划书是合作者的"兴奋剂",能让创业者及其合作者紧密团结在一起,同甘共苦,打拼未来;创业计划书还是亲缘纽带的"黏合剂",因为优秀的创业计划书可以让创业者赢得亲友的信任与支持,坚定创业者在艰难的创业路上的信心与勇气。通过团结协作共同努力完成的创业计划书既可以实现资源的合理配置,又凝聚着共同的理想目标,是团队创始人和合伙人共同努力的结晶。

(三)创业计划书是投资者决定是否投资的重要参考

从融资角度看,创业计划书又通常被喻为"敲门砖"。在一份详细完备的创业计划书中,往往包含了投资者所需要的信息:创业企业的现实业绩和发展远景,市场竞争力和优劣势,企业资金需求现状和偿还能力,以及创业者及其团队的能力和阵容等。这些都是投资者关心的重点,是他们衡量创业企业实力和潜力的依据,并以此作为是否对创业企业进行投资的重要参考。因此作为常见的融资途径之一,好的创业计划书可以吸引投资人进行投资。

(四)创业计划书为企业经营活动提供依据与支撑

创业计划书是为企业发展所做的规划,企业的创立与成长需要由创业计划书引领。创业计划书的主要构思围绕企业,主要内容更是离不开企业,诸如资金规划、财务预算、产品开发、投资回收、风险评估等,步步都与实现目标及企业发展休戚相关。因此,创业计划书是企业经营活动的有力依据和有效支撑,对创业行动具有指导意义。不论是各项子计划的展开还是对创业过程的评估,都可以以创业计划书作为相关依据。

任务二 创业计划书的内容

一份完整的创业计划书由封面、目录、正文和附录四部分组成。

一、封面

封面又叫标题页，可以放一张企业的项目、产品彩图或企业 logo，但须留出足够的版面排列以下内容：创业计划书编号、标题、企业名称、项目名称、联系人及联系方式、公司主页、日期等。其中，标题明确了创业项目的名称，体现了创业企业的经营范围，标题一般在封面以醒目的字体标示出来，如"××创业计划书"。

二、目录

目录是正文的索引，需要按照章节顺序逐一排列每章大标题、每节小标题，以及各章节对应的页码。初步写完创业计划书后，要注意确认目录页码与内容的一致性。例如，下面是《淘宝书店创业计划书》目录的部分内容。

```
目  录
第一章  淘宝书店概要 ……………………3
（一）背景介绍 …………………………3
（二）书店简介 …………………………3
（三）宗旨 ………………………………3
（四）战略目标 …………………………4
（五）经营与服务 ………………………4
（六）市场分析 …………………………4
（七）营销策略 …………………………5
（八）财务预测 …………………………5
（九）融资计划 …………………………5
（十）创业团队介绍 ……………………6
第二章  经营与服务 ……………………6
（一）主营业务 …………………………6
（二）拓展业务 …………………………9
第三章  市场分析 ………………………10
```

第四章　选址分析 ·················· 13
······

三、正文

正文是创业计划书的主要内容，包括摘要、主体和结论三大部分。

（一）摘要

摘要是企业的基本情况、竞争能力、市场地位、营销战略、管理策略，以及创业项目的投资前景及风险预测等方面的综合概述。摘要既是创业计划书的引文，引起读者的阅读兴趣，又是创业计划书的总纲，提纲挈领，让读者对创业计划书的内容有一个整体的认知。因此，摘要是整个创业计划书的精华和亮点，也是整个计划书的灵魂。

摘要是对整个创业计划书做出的精华式的总结，所以通常在计划书的主体完成后编写。一份出色的摘要应简短、精练，1~2页纸即可。

拓展阅读　摘要的关键问题

鉴于摘要在创业计划书中的重要地位，摘要一定要简明生动、精练贴切，不用面面俱到。可以试想一下，如果投资者在摘要中没有发现闪光点，创业计划书就有可能是一叠废纸，扮演不了帮助创业者融资成功的角色。摘要部分应提纲挈领，能吸引人继续读下去，同时让创业者有希望成功融资。一般来讲，写摘要时可围绕以下关键问题展开。

第一组问题：

（1）你的创意由来和存在的理由是什么？

（2）你的理念是什么？

（3）你能准确客观地描述你的目标市场吗？你了解它们吗？

（4）你能给你的目标客户带来什么价值？他们为什么接受？

（5）你预计市场占有份额和增长率会是多少？

（6）你最大的竞争者是谁？你怎么办？

（7）你需要多少投资？

第二组问题：

（1）你预计需要多少融资？怎么安排资金？

（2）销售额、成本及利润情况如何？

（3）你会使用何种分销渠道？

（4）你的核心能力是什么？

（5）盈亏平衡点的时间是什么时候？

（6）你有专利吗？如何保护它？

第三组问题：

（1）你的团队能胜任吗？为什么？

（2）你将如何分工？

（3）你有行动时间安排表吗？请你列举行动计划。

（4）为什么你是创业带头人？你能胜任吗？

（二）主体

主体是对摘要的具体展开。为了让读者一目了然，一般采取章节式、标题式的方式逐一描述。主体的内容具体包括企业介绍、市场分析、产品（服务）介绍、组织结构介绍、前景预测、营销策略描述、生产计划展示、财务规划和风险分析等。只要执笔者能够条分缕析，可以自行调整各章节的具体顺序。

（三）结论

结论是整个创业计划书内容的总结式概括。它和摘要首尾呼应，体现了文本的完整性。

四、附录

附录是对主体部分的补充。受篇幅限制，不宜在主体部分过多描述的，不能在一个层面详细展示的，或需要提供参考资料、数据的内容，一般放在附录部分，以供参考。

创业计划书的附录一般包括以下内容：企业营业执照；审计报告；相关数据统计；财务报表；新产品鉴定；商业信函、合同等；相关荣誉证书等。

拓展阅读 编写创业计划书的六个C（六要素）

第一个C是concept，概念。概念指的是你在计划书里面写的，能让别人可以很快地知道你卖的是什么。

第二个C是customers，顾客。有了卖的东西以后，接下来要考虑卖给谁，谁是顾客，要明确顾客的范围。例如，假定女人都是顾客，那50岁以上的女人和5岁以下的女孩是否都是顾客，这一点需要界定清楚，即要明确适合的年龄层。

第三个C是competitions，竞争者。东西有没有人卖过？如果有人卖过是在哪里卖的？有没有其他的东西可以取代？这些与竞争者的关系是直接的还是间接的？

第四个C是capabilities，能力。要卖的东西自己会不会、懂不懂？例如开餐馆，如果厨师不做了找不到人，自己会不会炒菜？如果没有这个能力，至少合伙人要会做，再不然也要有鉴赏的能力，不然最好不要做。

第五个C是capital，资本。资本可以是现金；也可以是资产，是可以换成现金的东西。那么资本在哪里？有多少？自有的部分有多少？可以借贷的有多少？这些都要很清楚。

第六个C是continuation，永续经营。当事业做得不错时，将来的计划是什么？

任务三 大学生创业计划书的撰写

一、编写创业计划书的准备工作

（一）确定创业计划书编写人员

创业计划书应该由创业者自己来编写。创业计划书是创业者能力和构思的具体体现，亲自编写创业计划书可以帮助创业者厘清思路，把创业的激情融入计划书，有利于增添计划书的感染力。但是，创业计划书的编写非常复杂，是各方面知识的结晶（如市场营销知识、企业管理知识、财务规划知识、人力资源知识、调查与预测知识等），任何一个创业者都不可能是各方面的专家，所以为了尽可能使得创业计划书更加符合现实，更加具有可操作性，在编写过程中，创业者应该向其他人员咨询。

（二）确定创业计划书的范围

在编写创业计划书时，创业者必须从不同角度进行广泛而深入的思考，以确定创业计划书的范围。

1. 创业者的角度

创业者自身比任何人都了解创业企业的创造力和技术，因此，创业者首先必须清晰地表达创业企业经营的产品或服务，以及其特色和卖点。

2. 市场的角度

创业者必须以消费者的眼光来审视企业的经营运作，应该采取一种以消费者为导向的市场营销策略。这就需要进行大量的市场调查工作，甚至还得亲自请教市场营销专家。

3. 投资者的角度

创业者应该试图用投资者的眼光来考察企业的生产经营，投资者往往特别关注计划中的财务规划。如果创业者不具有财务分析和预测的能力，就应该聘请外部的财务顾问提供帮助。

（三）收集相关信息

编写创业计划书时需要收集多种信息，主要包括市场信息、运营信息、财务信息等。信息的来源渠道多种多样，互联网就可以为创业者提供大量的有价值的信息资源。

1. 市场信息

产品或服务的潜在市场信息对创业者尤为重要。为了判断市场规模，创业者需要明确自己的目标市场：目标顾客是男性还是女性？是企业还是消费者个人？是高收入人群还是低收入人群？是城市居民还是农村居民？目标市场的确定将会使创业企业的市场规模和市场目标比较容易确定。为了更准确地了解真实的市场信息，创业者往往要花费较多的资源去进行市场调查。

2. 运营信息

在编写创业计划书过程中，可能需要以下运营信息：地点；生产制造；原材料；设备；劳动技能；生产或办公场所的大小；其他相关的开支等。

3. 财务信息

财务信息的主要作用是说服投资者因为创业企业将来会盈利而对该企业进行投资。主要的财务信息包括：资金的需求和来源；未来的销售情况；资金的周转；企业的投资收益率如何，投资回收期多长；风险资本的退出。

（四）准备一份优秀的创业计划书作参考

创业计划的编写有较大的难度，单纯看几本参考书并不能马上解决问题，最好找一份类似的、已经成功的创业计划书作为参考，然后按照提纲来编写。当然，我们只能是借鉴，绝对不能照搬照抄，因为每一个企业都应该有自己的特色。

二、编写创业计划书的原则

一份好的创业计划书必须呈现竞争优势与投资者的利益，同时也要具体可行，并提出尽可能多的客观数据来加以佐证。编写过程中应具体把握以下原则。

（一）市场导向原则

利润来自市场需求，没有明确的市场需求分析作为依据，所编写的创业计划书将是空泛的、无意义的。因此，创业计划书应以市场导向的观点来编写，要充分显示对市场现状的把握与未来发展的预测，同时要说明市场需求分析所依据的调查方法与实事证据等。

（二）文字精练原则

创业计划书应避免那些与主题无关的内容，要开门见山、直切主题，并清晰明了地把自己的观点亮出来。风险投资者没有时间，也不愿意花过多的时间来阅读一些对他来说毫无意义的东西。文字精练、观点明确，才能引起投资者的注意和兴趣，从而提高融资成功的概率。

（三）前后一致原则

因为创业计划书的内容复杂繁多，容易出现前后不一、自相矛盾的现象。如果出现这种情况，让人很难明白，甚至对计划产生怀疑。所以，整个创业计划书前后的基本假设或预估情况要相互呼应，保持一致。

（四）呈现竞争优势原则

编写创业计划书的重要目的之一是为投资人或贷款人提供决策依据，借以融资。因此，创业计划书中要呈现创业企业的具体竞争优势，显示经营者创造利润的强烈愿望，并明确指出投资者预期的报酬。但同时也应该说明可能遇到的风险或威胁，不能只强调优势和机遇而忽略不足与风险。

（五）便于操作原则

创业计划书是创业者拟定的创业行动蓝图，因此，它必须具有很强的可操作性，以便于实施。特别是其中的营销计划、组织结构、管理措施、应对风险的方法和策略等，必须具有可行性和可操作性。

（六）通俗易懂原则

创业计划书中应尽量避免使用技术性很强的专业术语，这些术语不是谁都可以看得明白的，过多的专业术语会影响读者阅读的兴趣，让他们觉得太深奥。即使不得已要使用专业术语，也应该在附录中加以解释和说明。

（七）客观实际原则

创业计划书中的所有内容必须实事求是，即使是财务规划也要尽量客观、实际，切勿凭主观意愿进行估计。创业者必须事先进行大量的调查和科学分析，尽量陈列出客观、可供参考的数据与文献资料。

三、创业计划书具体内容的编写

（一）封面设计

封面是创业计划书的"脸面"，如同大学生的求职简历，它首先呈现在读者面前，因此一定要有独特的风格。创业计划书的封面重在设计，要求设计者有一定的审美能力和艺术天赋。有人认为别人看不懂的一定是独特的，其实这是错误的认知。封面一般以简约、明确为主，忌晦涩怪异。例如，图6-1所示的封面既突出了创业项目，又具有一定的审美观和艺术性，能使阅读者产生最初的好感，形成良好的第一印象。

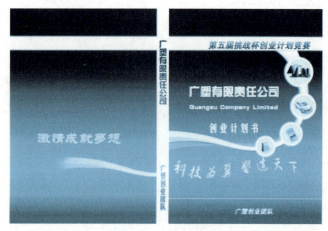

图6-1 广塑有限责任公司创业计划书封面设计

（二）企业介绍

企业介绍如同自我介绍，目的就是让投资者认识该企业。企业介绍中会涉及企业的基本概况（名称、组织形式、注册地址、联系方式等）、发展历史与现状、所提供的产品或服务的竞争力、未来的发展规划和目标等。其中，企业目标是企业要达到的效果，是企业发展的动力，在创业计划书中是亮点所在，因此必须下功夫写好。

（三）市场分析

市场分析在整个创业计划书中起着举足轻重的作用，主要包括目标市场分析、行业分析、竞争对手分析等内容。

1. 目标市场分析

目标市场由著名的市场营销学者麦卡锡提出。他认为应当按消费者的特征把整个潜在市场分成若干部分，根据产品本身的特性选定其中部分消费者作为一个特定的群体，这一群体被称为目标市场。例如，对手机消费群体的分析如下：手机更新换代异常频繁，早已进入了寻常百姓家。但手机又有诸多消费群体，如，高端人士青睐外观精巧、质量上乘、功能先进的手机；商务人士喜欢具备多样化的商务功能的手机；学生一族追求时尚型手机；普通百姓则首选结实耐用的手机。

对目标市场的分析，应从以下几个方面入手：

（1）你的细分市场是什么？

（2）你所拥有的市场有多大？

（3）你占有的市场份额是多少？

（4）你的目标顾客群是哪些或哪类人？

（5）你的五年生产计划、收入和利润是多少？

（6）你的营销策略是什么？

详细的目标市场分析能够促进投资者判断企业目标的合理程度及他们承担的风险的大小。在对目标市场的分析中，创业者需要阐明如下观点：企业处在一个足够大、发展前景非常广阔的市场中，并有足够的能力应对来自各方面的竞争。

拓展阅读　目标市场的选择策略

目标市场的选择策略即关于企业为哪个或哪几个细分市场服务的决定，通常有以下五种模式可供参考。

（1）市场集中化。企业选择一个细分市场，集中力量为之服务。较小的企业一般采取专门填补市场的某一部分的策略。集中营销使企业深刻了解该细分市场的需求特点，采用针对性的产品、价格、渠道和促销策略，从而获得强有力的市场地位和良好的声誉，但同时隐含较大的经营风险。

（2）产品专门化。企业集中生产一种产品，并向所有顾客销售这种产品。例如，服装厂商向青年、中年和老年消费者销售高档服装，而不生产消费者需要的其他档次的服装。这样，企业在高档服装方面树立了很高的声誉，但一旦出现其他品牌的替代品或消费者流行的偏好转移，企业将面临巨大的威胁。

（3）市场专门化。企业专门服务于某一特定顾客群，尽力满足他们的各种需求。例如，服装厂专门为老年消费者提供各种档次的服装。企业专门为这个顾客群服务，能建立良好的声誉，但一旦这个顾客群的需求量和特点发生突然变化，企业就要承担较大风险。

（4）有选择地专门化。企业选择几个细分市场，每一个细分市场对企业的目标和资源利用都有一定的吸引力，但各细分市场彼此之间很少或根本没有任何联系。这种策略能分散企业经营风险，即使其中某个细分市场失去了吸引力，企业还能在其他细分市场盈利。

（5）完全市场覆盖。企业力图用各种产品满足各种顾客群体的需求，即以所有的细分市场作为目标市场。例如，服装厂商为不同年龄层次的顾客提供各种档次的服装。一般只有实力强大的大企业才能采用这种策略。例如，IBM公司在计算机市场、可口可乐公司在饮料市场开发众多的产品，满足各种消费需求。

2. 行业分析

行业是企业要进入的市场。在创业计划书中，创业者要分析所入行业的市场全貌及关键性的影响因素。行业分析需要从以下几个方面来进行。

（1）该行业现状：处于萌芽期还是成熟期？发展到了何种程度？总销售额是多少？总收益如何？

（2）该行业的发展趋势：未来走向如何？

（3）该行业的影响因素：国家的政策导向、社会文化环境、竞争者的现状、行业壁垒等。

（4）该行业市场上的所有经济主体概况：竞争者、消费者、供应商、销售渠道等。

在进行行业分析时，应该对所选行业的基本特点、竞争状况及未来趋势有准确的把握，这些是建立在对所选行业充分了解的基础之上的。创业者只有做到这一点，才能了解行业发展规律，认清行业发展方向，确立企业发展目标。

3. 竞争对手分析

竞争对手是这样一类企业：它们在市场上和你的企业提供着相同或类似的产品或服务，并且在配置和使用市场资源过程中与你的企业具有一定的竞争性。如何打败竞争对手，如何在竞争中胜出是每个企业家都需要考虑的问题。

信息收集是进行竞争对手分析的前提。企业内部信息库、传统媒体、互联网、商业数据库、咨询机构、服务机构、人际关系网络等都是收集竞争对手信息的重要途径。当你获得竞争对手的基本情况、产品情况、营销策略、技术含量、商界信誉等信息，做好了这些相关准备工作后，你的创业计划书就会有据可循、表述充分。进行竞争对手分析时，应该从以下几个方面入手。

（1）你的竞争对手有哪些？你的主要竞争对手有哪些？你最大的竞争对手是谁？

（2）你的竞争对手的优势在哪里？有什么新动向？

（3）竞争中你具备哪些优势和劣势？优势如何发扬，劣势如何消除？

(4) 你能否承受竞争所带来的压力？

(5) 你将采取什么策略战胜竞争对手？

（四）产品或服务的介绍

在进行投资项目评估时，投资人最关心的问题之一就是企业的产品或服务能否以及在多大程度上解决现实生活中的问题，或者企业的产品或服务能否帮助顾客节约开支、增加收入。因此，产品或服务介绍是创业计划书中必不可少的一项内容。

产品或服务介绍包括产品或服务的名称、特性、市场竞争力、研发过程、品牌、专利、市场前景等。其中，产品的特性是不同产品之间或同类产品之间相互区别的标志，所以一定要详细且通俗易懂地表述出你提供的产品或服务与同类产品或服务相比有哪些独特之处。如果产品还在设计之中，最好提供相应的设计方案并证明自己的生产能力；如果产品已经生产出来了，就要附上原型介绍及图片。如果产品是创新型产品，创新就成了该产品的特性。

在产品或服务的介绍部分，通常要回答以下问题。

(1) 顾客希望从企业的产品或服务中得到什么？

(2) 与竞争对手相比，企业提供的产品或服务有哪些优势与劣势？企业采取何种办法取长补短？

(3) 企业拥有哪些专利与许可？企业为自己的产品或服务采取了哪些保护措施？

(4) 企业对新产品或服务有何规划？

(5) 企业的产品或服务定价为何能给企业带来长期利润？

(6) 该产品或服务如何拥有稳定的顾客群？顾客群一旦缺失，企业该如何应对？

需要注意的是，任何一个创业者在创业之初都会对自己提供的产品或服务充满信心，因此在创业计划书的写作中难免会有许多赞美之词。但是，企业的种种承诺都是应该兑现的，因而对产品或服务的介绍一定要实事求是，不能夸夸其谈。

（五）人员及组织结构说明

企业管理的好坏直接决定了企业经营风险的大小，而高素质的管理人员和良好的组织结构则是管理好企业的重要保证。因此，风险投资者会特别注重对企业管理人员及组织结构的评估。

1. 主要管理人员介绍

主要管理人员一般是董事会成员及主要营销人员。董事会成员决定企业的发展，营销人员关乎企业的效益，因此，有必要介绍他们的详细经历和背景，以及他们的职责和能力。具体来讲，主要管理人员介绍包括个人基本信息（姓名、年龄、政治面貌等)、工作履历、受教育程度、主要经历、道德素养和综合素质等。

在介绍过程中，要重点描述关键管理人员的才能和职责。这些人员如同领头奔跑的骏马，起着带队引领、示范表率的作用。创业管理团队的高效率能激发投资者的信心，因此，一方面，创业者需要建立一个团结向上、责权明晰的团队，另一方面，在创业计划书的写作中要突显团队风采。

2.组织结构介绍

组织结构即企业管理架构。组织结构类型很多，但初创企业组织结构相对比较简单，员工就是股东；组织结构的关键是分工明确，各司其职。此部分内容具体包括：企业的组织结构图；各部门的功能与责任；各部门的负责人及主要成员；企业的报酬体系；企业的股东名单，包括认股权、比例和特权；企业的董事会成员；各位董事的背景资料等。

(六) 市场预测

市场预测就是运用科学的方法，对影响市场供求变化的诸多因素进行调查研究，分析和预见其发展趋势，掌握市场供求变化的规律，为经营决策提供可靠的基础。当企业要开发一种新产品或服务并向新的市场扩展时，首先就要进行市场预测。如果预测的结果并不乐观，或者预测的可信度让人怀疑，那么投资者就要承担更大的风险，这对多数风险投资者来说都是不可接受的。

首先，市场预测要对需求进行预测，例如，市场是否存在对这种产品的需求？需求程度是否可以给企业带来所期望的利益？新的市场规模有多大？需求发展的未来趋向及其状态如何？有哪些因素会影响需求？其次，市场预测还要包括对市场竞争情况——企业所面对的竞争格局进行分析：市场中主要的竞争者有哪些？是否存在有利于本企业产品的市场空当？本企业预计的市场占有率是多少？本企业进入市场会引起竞争者怎样的反应，这些反应对企业会有什么影响？

在创业计划书中，市场预测应包括市场现状综述、市场需求预测、竞争者概况、目标顾客和目标市场、本企业产品的市场地位等。

创业者对市场的预测应建立在严密、科学的市场调查基础上。企业所面对的市场本来就有变幻不定、难以捉摸的特点，因此，创业者应尽量扩大收集信息的范围，重视对环境的预测并采用科学的预测手段和方法。创业者应牢记的是，市场预测不是凭空想象，对市场错误的认识是企业经营失败的最主要原因之一。

(七) 营销策略叙述

营销是企业经营中最富挑战性的环节，影响营销策略的主要因素有消费者的特点、产品的特性、企业自身的状况、市场环境，而最终影响营销策略的则是营销成本和营销效益。

在创业计划书中，营销策略应包括市场机构和营销渠道的选择、营销队伍建设和管理、促销计划和广告策略、价格决策等。

对于处于不同发展阶段的企业来说,其营销策略是不同的。对于创业企业来说,由于产品和企业的知名度低,很难进入其他企业已经稳定的销售渠道中去。因此,企业不得不暂时采取高成本、低效益的营销战略,如上门推销、大打商品广告、向批发商和零售商让利,或交给任何愿意经销的企业销售等;而对发展中的企业来说,一方面可以利用原来的销售渠道,另一方面也可以开发新的销售渠道以适应企业的发展。

拓展阅读　营销计划的关键问题

1. 第一组问题

（1）你的产品出厂价格是多少？
（2）你希望最终的销售价格是多少？
（3）你能控制最终价格吗？
（4）定价的依据是什么？
（5）在你的定价中,你的销售额是多少？利润是多少？
（6）你的定价是合理的吗？为什么？
（7）你的定价和营销战略是一致的吗？
（8）如何应对市场价格混乱？

2. 第二组问题

（1）目标客户中,哪些是最容易入手的？
（2）你有多少条销售渠道？评价渠道的优劣情况。
（3）在哪里可以买到你的产品？
（4）你会通过哪些分销渠道来分别接近哪些目标客户？
（5）你将如何让你的目标客户注意到你的产品？
（6）你将如何与你的目标客户进行沟通？
（7）你有一个很好倾听顾客心声的渠道吗？
（8）你将如何争取第一批客户？
（9）如何在竞争对手之前迅速占领市场？
（10）你如何控制销售渠道？
（12）如何管理一线推销员？
（13）有广告计划吗？

3. 第三组问题

（1）一线推销员是如何体现企业形象的？

(2) 广告和企业理念是一致的吗?
(3) 产品设计反映了客户价值吗?

(八) 生产计划说明

生产计划作为创业计划书的重要组成部分,其作用在于使投资者了解企业的研究进度和所需资金。在这一部分,创业者应该明确业务流程。在业务流程中,创业者一定要明确其中的关键环节,要写明企业的基本运营周期及间隔时间,更要将季节性生产任务和生产中会遇到的问题及解决方案解释清楚。

具体来说,创业计划书中的生产计划应包括以下内容:厂房基本情况,包括地址、基础设施和基本配置情况;产品制造和技术设备现状;生产流程及关键环节介绍;新产品投产计划;生产经营成本分析;质量控制和改进计划及能力。

(九) 财务规划描述

一份好的财务规划可以帮助企业降低经营风险,增强企业的评估价值,提高企业获取资金的可能性。如果说创业计划书是创业者在筹资过程中所做事情的整体概括,那么财务规划就是创业计划书的臂膀,为创业计划书提供有力的支撑。财务规划一般包括以下内容。

1. 历史经营状况数据

这里针对的是既有企业,初创企业不会涉及此类问题。企业在过去几年的经营状况是未来发展的重要参考,投资者会以此作为抉择的重要依据。创业者应提供过去三年的现金流量表、资产负债表和损益表。其中,现金流量表是企业的生命线,企业无论在初创期还是扩张期都要对流动资金有预先的计划,并在使用中进行严格控制;资产负债表体现企业在某一时刻的状况,是投资者用来衡量企业的经营状况及投资回报率的依据;损益表是企业盈利状况的写照,它反映了企业在运作一段时间后的经营成果。

2. 未来财务整体规划

未来的财务规划是建立在生产计划和营销计划基础之上的。严格来说,创业计划书中的前述内容都可作为企业制定未来财务规划的依据。有理有据,有适当的假设,是做好财务规划的前提。创业者要做的工作是:论述未来3~5年内的生产运营费用和收入状况,将具体财务状况以财务报表的形式展示出来。

要写好财务规划,创业者必须回答好以下问题:
(1) 单件产品的生产成本是多少?利润是多少?
(2) 产品定价是多少?在固定时间段内产品的销售量有多少?
(3) 雇佣哪些人生产、加工、销售产品?工资预算是多少?

财务规划需要财会方面的专业知识，要做到规划精细、账款明晰，最好由这方面的专业人员来撰写。专业人员能够避免财务报表的漏洞，也能增强投资者的信任感。因此，创业管理团队中有熟悉财务的成员是非常必要的。

（十）风险分析

没有风险分析的创业计划书是不完整的，因为创业本身就带有一定的风险性，创业过程中的风险也通常会让人始料不及。风险分析不仅能减轻投资者的疑虑，让他们对企业有全方位的了解，更能体现管理团队对市场的洞察力和解决问题的能力。在这一部分，创业者可以从以下几个方面进行阐述。

1. 市场风险

市场风险包括生产中可能遇到的问题、销售者未知的因素、竞争中难以预料的方面、顾客的不同需求与反馈等。

2. 技术风险

技术风险主要是技术研发中的困境，如技术力量不够强大、研发不到位、员工熟练程度不高、经验不足、研发资金短缺等。

3. 资金风险

创业者需要阐明可能出现的资金周转不畅和资金断流等问题，也要讲明万一企业遭遇清算的后果及遭遇清算后有无偿还资金的能力。

4. 管理风险

创业者要实事求是，不能刻意隐瞒管理方面的缺陷和漏洞，而要如实反映情况，诸如人手不足、经验欠缺、资源匮乏等。

5. 其他风险

企业的其他风险有很多，如政策的不确定性、经营中的突发状况、财务上的不确定因素等，都可以归入此类。

创业者的任务是，在对市场、技术、资金、管理等各方面风险进行分析之后，将这些风险及相应的解决方案用清晰的文字在创业计划书中反映出来。风险并不可怕，可怕的是没有应对风险的能力与对策。主动识别和讨论风险会极大地增加企业的信誉，使投资者更有信心。

拓展阅读

周鸿祎：教您打造十页完美的创业计划书

第一页，用几句话清楚说明你发现目前市场中存在一个什么空白点，或者存在一个什么问题，以及这个问题有多严重，几句话就够了。例如，现在网游市场里盗号严重，你有一个产品能解决这个问题，只需要一句话说清楚就可以。

第二页，你有什么样的解决方案或者什么样的产品，能够解决这个问题。你的方案或者产品是什么，提供了怎样的功能。

第三页，你的产品将面对的用户群是哪些，一定要有一个用户群的划分。

第四页，说明你的竞争力。为什么这件事情你能做，而别人不能做？是你有更多的免费带宽，还是存储可以不要钱？这只是个比方。否则如果这件事谁都能干，为什么要投资给你？你有什么特别的核心竞争力？你有什么与众不同的地方？所以，关键不在于所干事情的大小，而在于你能比别人干得好，与别人干得不一样。

第五页，再论证一下这个市场有多大，你认为这个市场的未来是什么样。

第六页，说明你将如何挣钱。如果真的不知道怎么挣钱，你可以不说，可以老老实实地说，我不知道这个怎么挣钱，但是中国一亿用户会用，如果有一亿人用，我觉得肯定有它的价值。想不清楚如何挣钱没有关系，投资人比你有经验，告诉他你的产品多有价值就行。

第七页，用简单的几句话告诉投资人，这个市场里有没有其他人在干，具体情况是怎样。不要说"我这个想法前无古人后无来者"这样的话，投资人一听这话就要打个问号。有其他人在做同样的事不可怕，重要的是你能不能对这个产业和行业有一个基本了解和客观认识。要说实话、干实事，可以进行一些简单的优劣分析。

第八页，突出自己的亮点。只要有一点比对方亮就行。刚出来的产品肯定有很多问题，说明你的优点在哪里。

第九页，进行财务分析，可以简单一些。不要预算未来三年挣多少钱，没人会信。说说未来一年或者六个月需要多少钱，用这些钱干什么？

第十页，如果别人还愿意听下去，介绍一下自己的团队，团队成员的优秀之处，以及自己做过什么。

一个包含以上内容的计划书，就是一份非常完美的创业计划书了。

资料来源：创业邦

四、创业计划书的检查

由于创业计划书要准确回答投资者的疑问，争取投资者对创业企业的信心。因此，在创业计划书编写完成后，可以从以下几个方面对创业计划书进行检查。

（1）检查创业计划书逻辑是否清晰，论据是否充分，表达是否通俗易懂，语法是否正确，用词是否恰当。

（2）是否备有索引和目录，以便投资者可以较容易地查阅各个章节。

（3）是否编写了摘要并放在了最前面。如果已编写，检查摘要是否写得简明扼要、引人入胜。

（4）是否显示出你具有管理公司的经验？否则，一定要明确地说明你已经找了一位经营大师来管理你的公司。

（5）是否显示了你有能力偿还借款，从而增强投资者的信心。

（6）是否显示出你已进行过全面的市场分析，要让投资者坚信你在计划书中阐明的产品需求量是真实的。

（7）能否打消投资者对产品或服务的疑虑。如果需要，可以准备一套产品模型。

任务四　创业计划书的模拟训练

请同学们参考下例中的创业计划书的内容，完成一份属于自己的创业计划书。创业计划书一般应包含的内容：项目的概述、公司概况、市场营销、风险分析等。创业项目的概述是十分重要的，通过对项目的市场分析、对创业的产品或服务的介绍、商业模式及营销策略的介绍以及团队介绍和其他项目的相关情况介绍使潜在投资人可以更好地了解创业者的创业项目的具体内容，主要的盈利方式及市场前景等；而针对公司状况的简要概述可以让潜在投资人了解公司的产品或服务的详细概况以及公司目前所处的发展阶段；市场营销是公司推广产品或者服务的重要途径，往往体现了公司未来发展的可能性；风险分析也十分重要，针对公司运营过程中所面临的可能风险进行针对性的分析及总结，可以更好地应对风险，使创业项目面临的风险处于可控范围内。

一、项目概述

截至2022年，我国全国涉农电子商务平台超3万家，其中农产品电子商务平台已达3000家，农村网络零售额更是高达2万多亿元，但是很多电商平台是难以实现盈利的，农产品电商需与顾客建立良好的购物体验，才能赢得持续消费力及带动相关消费群体。

本公司的定位是主营花艺产品和茶艺产品的私人定制，是一个线上、线下协同发展的电子商务交易平台。后期将结合远程可视化交易服务、农产品回溯体系、区块链技术以打造更加健康、方便、快捷、有效的产品服务，以良好的顾客体验为核心，以专业的技术、销售、财务团队为支撑，不断发展完善，成为线上、线下良性互动的交易平台。

  产品和服务包括线上、线下两部分。线上部分是利用现有成熟的购物网站，后期开发技术增加便捷、快速的视频交易功能，建设远程可视化的网络交易平台和互动平台，并利用区块链技术和可追溯体系实现产品的全程监管。主要提供包括花与茶相关产品可视化选购、高端私人定制花艺产品、线上花艺教学视频及互动平台。线下部分是发展有意愿从事远程可视化交易的花艺店、超市、零售店，以及物流企业。

  我们的商业模式是定制型花艺产品和茶产品，帮助客户设计客户需要的产品，对相应员工进行服务培训，招募产品代理，与成熟平台及渠道合作经营。代理按省市行政区域划分，代理旗下可以自主发展经销商。平台及渠道合作就是和购物平台、培训机构、物流公司等合作，在它们原有业务基础上增加花与茶相关产品的交易业务，我们提供它们需要的产品和服务，包括花艺师的培训、茶艺师等专业人才的培训等。利用抖音、淘宝、拼多多等网络直播平台进行直播带货，主要目标消费者定位在喜欢花、茶，崇尚健康绿色，热爱生活，讲究生活品质的消费人群。

  花艺产品包括永生花礼盒、婚礼用花、干花饰品、节日用花、礼品用花等。茶包括各类茶相关产品，主营绿色健康的有机茶，把绿色有机作为茶类产品的主要特色去推广。

（一）市场进入和开发阶段（1~2年）

  与大型网络购物平台、直播平台以及物流公司合作，如京东、抖音、淘宝、拼多多、顺丰快递等。这些已有的大型公司拥有成熟的技术、设施、客户和渠道，与它们合作可以实现高起点和快速启动。我们公司预计主要负责农户渠道的管理培训、平台建设以及新交易平台的市场营销。通过与乡镇政府合作，成立农户合作社等形式，建立规范的鲜花供应、茶叶供应渠道。通过招商代理，开展多种形式的技术培训、广告宣传活动。

（二）市场成长阶段（3~5年）

  这个阶段公司发展已经有了一定的实力基础，我们预计在全国范围，为各级代理商提供产品和技术支持。同时，加大技术研发和产品研发投入，不断改进现有产品和服务，满足用户的购物需求。

（三）市场成熟阶段（5~10年）

公司在全国范围的发展已经基本形成规模，公司重心转变到研发和生产上，加大创新投入，不断开发新的产品和服务，如利用可视化技术、可追溯系统实现消费者线上购物、实时选购以及对产品信息的实时追踪。最终让公司在花和茶产品交易市场形成具有重大影响的知名品牌，掌握行业发展最新资讯，并为公司日后上市打下坚实的基础。

（四）团队核心成员介绍

1. 公司创始人：小红

小红，汉族，现就读于××大学电子商务专业，是一名大二学生，目前在班级里担任副班长一职。在校期间，始终以提高自身综合素质为学习目标，以全面发展为努力方向，树立正确的人生观、价值观和世界观。为适应社会发展需求，小红认真学习各种专业知识，发挥自己的特长，同时也积极参加各类校级和系级活动，并荣获多项奖项：军训优秀学员；2019—2020年度"优秀共青团员"；2021年"国家励志奖学金"。2020年小红开始关注线上购物平台项目，研究行业规模及产品优缺点，对线上线下产品运营有自己的想法。

2. 公司产品研发和推广负责人：小明

小明，××大学电子商务专业学生，在班级里担任学委职务。在校期间，乐于助人，能说会道，积极参加学校和系里组织的各项活动，积极参加各项志愿者活动。并荣获了系优秀学生干部等证书，在公司主要从事产品开发和产品线上线下推广工作。

3. 市场营销负责人：小王

小王，××大学电子商务专业学生，在校期间表现优异，积极参加各项志愿者活动。主要从事公司市场开拓、产品销售营销策划及客户开发。

4. 培训工作负责人：小李

小李，××大学电子商务学生，曾荣获校2018—2019年"优秀学生"，积极参加各项志愿者活动。主要负责公司培训部门的日常运营管理，对培训相关工作有较丰富的经验。

二、公司概况

1. 公司名称

花与茶。

2. 公司logo及介绍

logo选用绿色为主，代表产品的绿色与健康，是由茶叶构成的一朵花，体现公司特色产品：花艺产品和茶艺产品。花与茶公司logo如图6-2所示。

通过建立线上、线下良性互动的交易平台，后期借助互联网的远程可视化技术，实现与消费者的直接对接，让消费者在远程可视化条件下选购花与茶产品。由公司联合淘宝、饿了么、拼多多、京东、抖音等成熟的购物电商平台及直播平台，进行可视化交易平台的建设与推广和可追溯体系建设。负责农户的规范种植、规范采摘、规范包装，对农户进行可视化网络交易和可追溯体系建设培训，负责产品的物流运输等。

图6-2 花与茶公司logo

3.公司现状

公司目前处于筹划阶段。团队成员结构合理，销售、技术和财务人员齐全。公司正式员工4人，临时工作人员3人。

4.发展规划

（1）近期目标（2年内）：公司联合淘宝、京东、拼多多、抖音等成熟的电商及直播平台，以进行网络直播、摆地摊等形式做前期线上、线下推广，包括进行线下连锁店和体验店建设，与大型超市、市场和商店进行合作。

（2）中期目标（3~5年）：进行可视化交易平台的建设。初步建成远程可视化网络交易平台。选择1000户示范农户，负责农户的规范种植、规范采摘、规范包装，对农户进行可视化网络交易培训和可追溯体系建设，联合成熟的快递企业，初步建成产品的物流运输渠道等；同时重视冷链建设。

（3）长期目标（6年及以上）：在花与茶的网络销售市场完全站稳脚跟，充分利用可视化网络交易，建立完善的网络商城，最终打造成产业遍布全国的知名企业。

三、产品与研发

1.产品或服务介绍

如婚礼用花、节庆用花、干花礼品、礼品用花、各种茶具、有机茶产品等，包括线上、线下两部分。

线上部分是利用现有成熟的购物网站，增加便捷、快速的视频交易功能，建设远程可视化网络交易平台和可追溯体系；建设实时农产品交易价格显示平台。线下部分是发展有意愿从事远程可视化农产品交易的农户，以及物流企业；建设连锁店和体验店，同时和一些大型市场、商店和超市进行合作。

花与茶公司主营花艺相关产品和茶相关产品，如图6-3所示。

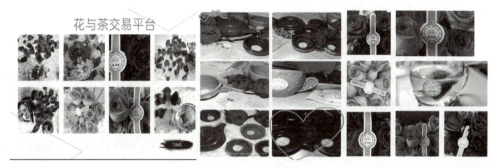

图6-3 主营产品

2. 产品用途、功能

产品包括婚礼用花、节庆用花、干花礼品、礼品用花、各种茶具、有机茶产品等，主要是通过线上、线下交易网络实现产品的高端定制。为城市居民提供花与茶的相关视频资讯，包括花艺培训、茶艺培训、茶文化等；为消费者提供优质的服务和放心的产品，通过高端定制满足顾客对品质生活的需求，为花农茶农提供直销城市居民的农产品销售渠道。

3. 行业领域

公司从事的是花艺与茶艺产品等农产品服务业。

4. 市场定位

公司市场定位：通过提供定制的花与茶产品，给客户以满意的服务。后续通过实现网络的远程可视化交易服务以及可追溯体系建设，利用专业的技术、销售财务团队建立网络交易平台。

5. 客户价值

为城市居民提供花与茶的相关视频资讯，包括花艺培训、茶艺培训、茶文化等；为消费者提供优质的服务和放心的产品，通过高端定制满足顾客对品质生活的需求；为花农茶农提供直销城市居民的农产品销售渠道，省去五花八门的中间交易环节，城乡之间直接沟通联系，以促进现代农业发展。

6. 产品或服务特色、优势、新颖性

利用区块链技术和物联网建立良好的产品追溯体系，在现有的线上购物平台的基础上，增加便捷、快速的远程可视化网络交易功能。规范农户的种植、采摘行为，促使农户重视花与茶产品的品质与食品安全问题，促进传统农业向现代农业的转型升级。

7. 竞争优势

通过联合现有的购物网站和物流企业，可以实现公司发展的高起点和快速启动的目的。通过特有的远程可视化交易功能，能够抓住顾客购物心理。公司拥有成熟的农户培训技术团队。

8. 公司项目实施的技术方案

（1）技术路线。

技术路线为：市场调查—可视化网络交易平台建设—发展1000户示范农户—农户培训—物流渠道建设—广告宣传—线上线下平台运营—问题改进—发展壮大。

（2）项目的关键技术、创新点。

关键技术：便捷、快速的远程可视化网络交易技术和利用区块链技术与物联网建立良好的产品追溯体系。

创新点：借助远程可视化网络交易技术，消除顾客购物的不信任心理、物理屏障，实现城市居民与农户直接沟通，实现个性化定制的花艺产品和茶产品的线上、线下交易。

（3）知识产权情况。

公司内部产权明晰，以技术入股，则技术属于公司，所有权归公司；以技术合作模式，则按照每一项服务提成比例计算；其他合作模式则按照协议执行。

四、市场营销

（一）市场分析

截至2022年，全国涉农电子商务平台已超3万家，其中农产品电子商务平台已达3000家。农产品电商平台须重视顾客的购物体验，才能获得持续消费力及拉动相关消费群体。

我国农产品电子商务行业呈现出以下发展趋势。

1. 规模化趋势

随着电商平台越来越成熟，农产品电商交易规模越来越大。

2. 标准化趋势

随着技术越来越成熟，农产品的全产业链过程的工厂化，农产品的电子商务模式越来越规范、越来越标准。

3. 多功能趋势

随着电商越来越成熟，农产品交易平台的功能越来越多样化，交易功能、展示功能、信息功能、外向型功能、上下延伸的供应链功能、融资功能等将更多地呈现出来。

4. 智能化趋势

随着"三网融合"＋物联网＋大数据＋云计算等新技术的应用，移动商务在新一代电商发挥越来越大的作用，微博、微信、微店"三微"营销，促进农产品电商进入一个精准营销新阶段，实现智能交易、智能支付、智能物流、智能配送、智能仓储等，新的信息技术革命将给我们带来新的机遇和挑战。智能化趋势下，更便捷的消费和支付方式，要求企业更全面地做好营销。

（二）市场定位

随着经济社会的发展，人们的生活水平逐渐提高，越来越多的人开始关注有品质的生活。"花与茶"交易平台就是为消费者提供品质生活服务的，专注于私人定制，以服务赢得好评。无论是花还是茶相关产品都是休闲产品，它与高品质的生活联系在一起。特别是近几年由于居民消费水平提高，越来越多的消费者关注美与健康。很多消费者过节或者平时也会在家中摆设一些鲜花或干花来作为客厅、卧室的装饰，现在花艺市场价格不一，品质也很难保障，本企业则可以为消费者提供更优质的服务，为客户定制符合客户需求的花艺产品。茶在古代就作为药、食来使用，《神农本草经》中记载："神农尝百草，日遇七十二毒，得茶而解之。"茶本身就是健康的表现，近几年奶茶、茶点等产品的出现，为茶产品的开发提供了新思路。花和茶本身又是送礼佳品，中国人际交往讲究礼尚往来，花与茶产品可以满足顾客的不同需求，亦不失为一种送礼佳品。茶既具有一定的保健功能，还具有美容养颜的功效，是大众普遍适宜的产品。但是每个人由于自身身体状况的不同，购买需求不同，所需求的产品也是不同的，"花与茶"公司会努力满足顾客多层次的需求。其中社会中高端收入人群（占顾客总人数的70％左右）是远程采摘交易的消费主体，他们的生活质量较高，特别关注产品的绿色、健康、新鲜和时令；同时，产品也应能满足他们社会地位及经济优越感、身份象征等心理需求。绿色环保理念的爱好者（占顾客总人数的10％左右），这部分人对绿色、健康、新鲜、时令的花、茶充满了热情，不一定很有钱，但是他们喜欢购买自己喜欢的东西。他们一般消费力及消费意识较强。老年人及行动不便者（约顾客总人数的15％），因为身体及年龄的原因，行动不方便，他们是非常需要这类产品的人群；其他顾客（占顾客总人数的5％左右）。

（三）SWOT 分析

1. 优势（strengths）

该项目迎合了人们追求高品质生活的需要，符合社会发展的规律。公司团队成员富于实干精神，联合现有大型购物平台和物流企业，能够实现高起点和快速启动。同时打造完善的产业链，选择质量过硬的合作伙伴。公司走线上和线下相结合的道路，拥有广阔的发展空间。国家政策大力支持大学生自主创业、支持农业的发展，乘着政策的东风，可以更好地做好创业准备工作及保障企业的发展。

花与茶产品都属于绿色、健康的农产品或农产品加工品，符合现代消费者对品质生活的追求。个性化的定制更好地满足了消费者需求的差异性，花艺师、茶艺师能为本团队提供更专业的意见和建议。

2. 劣势（weaknesses）

公司的视频交易平台需要打造，线下农户需要大量规范化的培训，资金不充足，经验不丰富，这些是我公司目前最缺少的要素。如果不具备这些要素，公司长远发展会受到影响。

3. 机会（opportunities）

新鲜农产品的电子商务处于蓬勃发展阶段，拥有广阔的发展前景，符合城市人对绿色健康生活的追求。国家宏观政策大力鼓励"互联网＋"创新创业，各种风险投资基金都在寻找具有良好发展前景的投资项目。公司要抓住这个难得的历史发展机遇，精心谋划，寻求发展。随着时间推移，公司逐步积淀，最终会在同行业中脱颖而出。近年，国家又鼓励地摊经济，为本公司线下推广提供了条件，只要能够保证产品的品质，就有希望开拓市场。

4. 威胁（threats）

主要威胁来自市场不成熟和技术不完善；产品体验度不够，客户对平台的了解不够；花产品，特别是鲜切花的冷链物流保鲜问题。其中任何一个问题处理不好，都会使公司面临倒闭困境。

五、风险分析

本公司资金风险及规避方案。

（一）规范财务关系

建立完善财务管理制度，财务收支批准流程必须明确且合理，保证各个环节公开透明，做到责任到人。制定财务决策流程，以预算控制支出，数据记录完整，将预算数据与实际数据对比，确保所有开支科学合理，避免财务漏洞给公司带来财务风险。

（二）多产品经营

有些项目虽然拥有巨大的市场潜力，但是客户暂时并不十分认可，在推进这些项目的同时，必须做一些能够确保公司盈利的项目。远程视频采摘果蔬交易平台的建立以及被市场接受需要一定的过程，不会马上盈利。因此，应该同时开展普通农产品的网络销售交易，保证公司生存。通过多产品经营策略可以最大程度降低风险。

（三）树立风险意识

公司领导层和财务人员均要树立风险意识。在实际工作中，一旦企业财务人员缺乏风险意识，对财务风险的客观性认识不足，忽视对企业财务风险的预测和预警，导致企业在突发事件发生时，应变能力不足，容易带来财务风险，甚至给公司带来致命打击。应该健全内控程序，降低负债的潜在风险。订立合同前应严格审核签订对象企业的资信状况；订立合同后应跟踪审查合作企业的偿债能力，减少直接风险损失。

在企业内部建立HACCP体系，实现关键控制点控制，规避风险，建立风险预警机制和风险分析系统。

六、商业模式

本公司的商业模式是自主研发花与茶产品，自主设计农户的培训服务，招募产品代理，与成熟平台及渠道合作经营。代理按省市行政区域划分，代理旗下可以自主发展经销商。平台及渠道合作就是和购物平台、培训机构、物流公司等合作，在其原有业务基础上增加本公司的花与茶产品交易业务，我们提供他们需要的产品和服务。

七、财务分析

（一）现金流量表

第一，初始阶段的成本主要包括：3个月房租与1个月押金40000元（10000元/月）；仓库费用80000元；交通工具、办公设备及办公用品、App开发费用、农户培训费用等购置费300000元。

第二，运营阶段的成本主要包括：员工工资、原料采购费、房租、税费、水电燃气费、杂项开支等，估计每月需支出63000元。

第三，将剩余资金作为预备金，以应对突发情况。

（二）预计损益表（主营业务收入）

根据调查，可大致估算出每日营业额约为3000元，按收益率30%计算，每日纯利润约为900元，则每月纯利润约为27000元。由此可计算出投资回收期约为16个月（不考虑折旧率）。

（三）2024年费用预测

预计2024年投入可视化设备研发费用50万元，市场营销费用30万元，生产费用30万元，行政费用10万元，可视化设备投资100万元，其他费用10万元，合计费用230万元。

拓展阅读　　大学生创业计划书中的常见问题

或许是大学生缺乏实际训练，或许是创业设想还很不成熟，大学生创业计划书中普遍存在一些问题。这里列举一些常见的问题，供准备创业的大学生参考。

（1）主题不够鲜明集中，想法很多，但是不善于总结，或者是发散性思维使用很顺手，一旦需要按照可行性方向加以评价和收缩时，就有点难以取舍了。

（2）筹资方案不明确，不知道从哪里得到必需的资金，很多情况下就是创业团队自己"凑份子"，这些资金的来源和规模使人缺乏信心，因为大学生自己也没有钱，而为了创业需要家庭赞助，在中国这种可能性很小。

（3）财务分析能力非常薄弱，在计算成本时考虑得不够全面，有关税费、财务费用及人工物料等成本要么漏算，要么压缩到不太现实的地步，而在预期收益上却很少考虑可能的风险，在非常理想的情况下设想收益的丰饶和稳定，结果计算出来的收益率肯定是高于市场的实际水平的。

（4）在生产、销售等环节的程序控制和细节管理等方面几乎没有考虑，以为这些常规性的工作不需要这些高手去应对，或者创业者不屑于这些细枝末节，给人的印象是只要策划做好了，所有的常规运行就可以放心大胆地撒手不管不问。

（5）创业组织的结构、体制构想不明晰，有点像无限连带责任的合伙制，但是也没有从法律上加以明确说明，多少有点哥们义气，在彼此信赖的基础上白手起家，对于在长远发展过程中必然遭遇的产权明晰、责任划分等问题考虑较少。

（6）在项目设计上浪漫色彩偏重，一些设计看似亮丽实质上是无谓的品牌包装、形象。

（7）设计不舍得删改，项目名称和标识很难联想到所在行业和市场定位，让人感觉晦涩、牵强。

资料来源：瞧这网

任务五　商标设计模拟训练

一、商标的概念及作用

商标是可以区别自然人、法人，或者其他组织的商品和他人的商品的标志。它是文字、颜色组合、图形、三维标志、数字、字母以及声音等诸多要素的组合。商标可以分为注册商标和非注册商标，注册商标是指品牌或者品牌的一部分在政府相关部门依法注册。注册商标受到法律保护，注册者享有该商标的专有权；而未注册的商标则不受法律保护。

商标的作用有很多，下面简要介绍一下商标的常见作用。

第一，商标可以区分商品或服务的出处，从而使消费者了解该商品或服务由哪个企业所提供。

第二，商标可以促进产品品质的提高，生产者或经营者往往为了提高自身品牌商标的价值和企业信誉而不断提高产品品质。

第三，商标是企业无形资产的重要组成部分。

第四，商标是企业形成品牌效应的基础，更是企业进行广告宣传和市场竞争过程中所必需的，消费者往往通过商标来区分不同的企业产品，因此广告宣传过程中往往包含对品牌商标的宣传，市场竞争过程中也往往包含商标知名度的竞争。

第五，商标还可以用于转让、加盟和连锁。

第六，商标还有利于美化产品，好的商标往往具有很高的观赏价值，可以提升产品的观赏价值。

正是因为商标具有上述所说的各种用途，所以创业者在创业初期就进行商标的设计。商标十分重要，一方面可以实现和别的商品的区分，另一方面可以通过商标积累忠实顾客。

二、商标设计的原则

商标的设计有以下原则。

第一，简洁。

好的商标设计往往比较简洁，比如小米商标主要采用的是米字的拼音mi来构成。

可口可乐的商标也主要由可口可乐的中文和英文名称构成。简洁的商标设计一方面可以更加直观地让消费者了解产品的生产者或者经营者是谁；另一方面简洁的商标给消费者留下了一定的想象空间，可以迎合大部分消费者的审美需求。当然也不是说复杂的商标就不好，也有一些企业商标虽然复杂但是也同样满足消费者的审美需求和宣传需求，比如玛莎拉蒂、宾利、兰博基尼等汽车品牌的商标。

第二，注意同一性。

一般而言，商标设计完成之后，商标设计不会有太大的改动，所以商标进行后续改进设计应该注意保持同一性。比如淘宝、小米等成熟的品牌的商标改进一般都是通过保持原有大部分内容，只修改部分细节来实现，因为成熟品牌的商标已经具有一定的品牌价值，如果大改反而可能降低其可辨识性。

第三，注意独创性。

独创性的要求不仅仅是为了更好地将自己品牌的商标和其他品牌进行区分，也是商标法的要求，任何注册商标不能抄袭或模仿，否则不能通过商标审核。

第四，注意与公司名称及公司产品的关联性。

商标是公司进行宣传的重要内容，因此往往很多商标在设计之初会参考公司名称，比如淘宝商标参考了淘宝两字，小米公司参考了米字的拼音。商标和公司及公司产品如果没有任何关联性，其宣传效用就会减弱。

三、商标设计的制作模拟

1. 商标设计的制作要求

设计方法：手绘或板绘。

设计要求：手绘采用A3白纸，板绘可使用Adobe Photoshop、Adobe Illustrator等常见的平面设计软件进行设计，也可根据需要使用CAD、C4D等3D绘图软件进行绘制。要求商标尺寸为小于10×10厘米且大于5×5厘米的正方形，推荐尺寸为6×6厘米。手绘作品要求左上方书写学号、班级、专业及姓名，并在右下方简要介绍公司名称、主营业务范围以及商标的立意。板绘作品需要用A4纸打印，在空白处或者背面书写学号、班级、专业及姓名，并在右下方简要介绍公司名称、主营业务范围以及商标的立意。

商标要求必须和公司名称、主营业务范围有关，必须原创，立意阐述商标设计的原因、内涵及意义。商标一方面可以作为设计元素用在创业计划书的扉页、页眉、页脚；另一方面可以作为公司简介的内容，让投资人通过商标更好地了解公司的价值主张。

2. 商标设计的例子

图6-4是中国小米公司的logo，"MI"是米的拼音，也是移动互联网的英文缩写"Mobile Internet"首字母组合。将小米的logo倒转180°是一个汉字"心"，只不过少了一点，寓意"让用户省一点心"。小米的取名由来还蕴含着"小米加步枪"的意思，即小米要发扬艰苦奋斗的精神，靠这种精神扬帆起航，征战世界。

一个成熟的品牌在更换logo时应该尽量减少对logo过多的调整，像淘宝、小米等成熟品牌在进行logo更换时，都避免了过多的调整，没有对颜色、整体结构进行大的修改，而是简单地对字体形态、外形进行微调。

以小米的商标为例，2021年3月30日，小米创办人，董事长兼CEO雷军在春季新品发布会上宣布，小米正式启用全新logo，如图6-5所示，小米的新logo对比原先的logo只是做了微调。

图6-4　小米旧商标

图6-5　小米新商标

小米全新logo的设计理念为"alive"，即生命感设计，这是继"空"之后，原研哉提出的另一个重要全新理念。他认为："科技越是进化，就越接近生命的形态。因此，人类与科技是不断接近的。"原研哉指出，小米在品牌视觉中要融入东方哲学的思考。全新logo的设计师原研哉的灵感主要来源于一个数学公式：$|x|^n+|y|^n=c$，通过将变量n的不同值代入公式，就会呈现出不同弧度的圆角矩形，在几何学里也被称作超椭圆。经过对比，最终选择了$n=3$时的形状作为小米新logo图形。

我们可以看出，已经具有一定知名度的品牌在进行商标更新时，往往更倾向于对商标进行细节上的修饰，比如颜色搭配的略微改变、形状的略微改变、字体大小及形状的细微改变等，往往不会进行太大的更新，这是因为对于成熟的品牌，他的商标往往已经被大众所熟悉，如果贸然进行大的改动，反而可能会引起顾客对该商标变得陌生从而降低其知名度，所以一般成熟的品牌更倾向于进行细节上的改变，通过简化、改变布局等处理方式给顾客带来更好的视觉感受。比如支付宝、淘宝、喜茶、比亚迪等品牌都进行过商标的更新，但是都只是细节上的更新。也有一些品牌在创始期和发展后的品牌商标有很大差异，比如苹果品牌的初代商标是十分复杂的，直到第二代商标才更新成目前大众所熟知的"咬了一口的苹果"的造型。

拓展阅读　　色彩的应用分析

色彩的应用分析包括色彩的冷暖感、软硬感、强弱感、对比色、互补色、三间色等。

(1) 色彩的冷暖感：由于红色、橙色、黄色让人联想到太阳、火焰，所以被认为是暖色系；蓝色、青色、紫色让人联想到大海、晴空，所以被认为是冷色系；绿紫色代表不冷不暖的中性色；五色系中的黑色代表冷；白色代表暖。

(2) 色彩的软硬感：低明度低纯度的色彩给人以硬的感觉，而高明度高纯度的色彩给人的感觉偏软。

(3) 色彩的强弱感：明亮鲜艳的色彩让人感觉强，而色彩暗沉则让人感觉弱。

(4) 色彩的对比色：对比色是指两种可以被明显区分的色彩。包括色相的对比、明度的对比、饱和度的对比、冷暖的对比、补色的对比、色彩和消色的对比等；是构成明显色彩效果的重要手段，也是赋予色彩以表现力的重要方法。其表现形式又有同时对比和相继对比之分。比如黄和蓝、紫和绿、红和青，任何色彩和黑、白、灰，深色和浅色，冷色和暖色，亮色和暗色都是对比色关系。

(5) 色彩的互补色：互补色分美术互补色和光学互补色两种。美术互补色定义，色相环中呈180°角的两种颜色。光学互补色定义，两种色光以适当比例混合产生白光。

(6) 色彩中的三间色：三间色是三原色当中任何的两种原色以同等比例混合调和而形成的颜色，也叫第二次色，和三原色形成对比色、互补色。例如红色加黄色就是橙色，红色加蓝色就是紫色，黄色加蓝色就是绿色。三原色是最基本的三色，它是一切颜色的母色。

四、创业海报的模拟训练

（一）创业海报的内容及作用

创业海报往往包含创业企业名称及地址、产品详情及图片、宣传语、优惠活动，等等。主要作用是一方面可以达到宣传企业产品、提升企业知名度的目的；另一方面可以通过各种优惠促销活动使得顾客进店消费，增加营业额。海报一般可以应用在商场宣传广告位、公交宣传广告位、地铁及飞机宣传广告位、高铁及火车宣传广告位、企业门口、美团和大众点评等各类网络平台。创业海报是创业初期常用的一种营销手段，可以通过创业海报扩大企业知名度，增加客源。创业海报的设计十分重要，一方面通过共同的思想碰撞提高团队协作能力；另一方面，创业海报可以体现企业的价值主张、产品内容以及价格，对于企业进行宣传十分重要。

创业海报可以用于实体店铺、网络宣传，以及通过公交站、地铁站、商场等地方的广告宣传位置进行广告宣传，是创业者进行市场宣传的重要途径之一，因此掌握海报的设计十分重要。创业海报设计要遵循以下几条原则。

（1）原创性原则。

原创性是指创业海报设计过程中不能有抄袭现象，国家重视对知识产权的保护，而作为商业用途使用的创业海报如果抄袭了别的设计师的作品则是一种违法侵权行为。这样，一方面达不到原有的宣传目的，还会影响企业形象，对企业来说是得不偿失的；另一方面抄袭需要面临包括经济方面的赔偿甚至是牢狱之灾。

（2）美学原则。

美学原则是指海报要符合大众审美需求，只有根据大众审美需求设计的创业海报才能够获得大众的喜爱，更好地实现为企业做宣传的目的。要获得符合大众审美的创业海报，可以利用色彩对比增加冲击性吸引眼球；可以利用大小对比，需要突出的重点内容用较大的字体，而一般重要的内容字体则使用相对较小一点的字体。

（3）创新性原则。

创新性原则是指创业海报设计过程中要具有创新性。一方面，顾客更容易被有创意的海报吸引；另一方面，海报设计作为一种设计形式必须具有创新性。

（二）创业海报的设计模拟

1.海报设计的制作要求

（1）设计方法。

手绘或板绘。

（2）设计要求。

手绘采用A3白纸，板绘可使用Adobe Photoshop、Adobe Illustrator、Blender等平面及3D设计软件；海报中要包含产品或服务的简要介绍和产品的具体图片、产品或服务的价格、产品型号的简要介绍。海报要求可以让顾客通过海报直观地了解本公司的产品或服务，达到吸引新顾客了解本公司产品的目的，因此海报中必须包括对公司的简介以及对公司产品或服务的介绍，能突出公司的产品优势，才能起到更好的宣传作用。因此海报的色彩搭配、比例结构、文字组合等都十分重要。海报中还可以包括公司的新产品介绍、各种促销活动介绍、产品或服务的特色介绍，等等。海报的主要作用是达到宣传营销的效果，为了使顾客可以通过海报直观地了解公司的产品或服务，一般海报都是以简洁为主，用精简的设计表达想要传达给顾客的信息。

（3）产品广告宣传语。

制作宣传海报应注意以下几点。

第一，切忌海报字体颜色和背景颜色太接近，会造成海报字体看不清楚从而减弱广告的效用。

第二，切忌海报内容太满没有留白或者所有内容字体大小一致，太满或者字体大小一致的海报会失去重点，让顾客不知道公司特色，太多的信息既抓不住消费者的眼球，又会让顾客难以记忆。

第三，切忌商标及公司名称及地址位置不明显，位置不明显会导致顾客不清楚公司具体名称从而使得广告效果减弱。

第四，切忌内容模糊，文字晦涩难懂或者文字分布太散。内容不够具体容易造成顾客难以理解其产品或服务特色，而文字晦涩难懂则容易造成顾客下意识忽略或者理解错误，而内容文字分布过散难以集中顾客的注意力，使得顾客获得信息不足从而降低其宣传效用。

品牌海报设计

无论是创业商标还是创业海报的制作，对于新企业的品牌形象建设都十分重要，很多知名品牌的商标都十分简洁，通过简单的文字或者图文符号直观地向消费者群体传达自己企业的相关信息。很多品牌的海报设计会融入品牌商标，还会借鉴品牌商标的配色。比如，麦当劳商标常用的主色就是红色和黄色，而麦当劳的很多海报也是沿用了这种经典配色，让人们通过色彩产生品牌联想；大白兔奶糖商标的经典蓝白配色也同样常用在其海报的色彩搭配中。因此不论是商标还是海报设计都可以起到很好的宣传作用，让顾客可以更好地将不同企业进行区别，形成品牌效应从而更好地留住顾客。

随着我国经济的发展，越来越多的消费者更加关注产品或服务的质量，而由于知名品牌产品往往品质更有保障，因此消费者对于知名品牌产品更加信任，哪怕知名品牌产品价格更高，消费者也更倾向于选择知名品牌产品。因此对于创业者来说，想要获得长久的发展，对于品牌的建设是必不可少的。

项目实训

实训一

商标的设计

在课堂学习中同学们已经了解了商标的概念及作用、商标的设计原则及制作等，那么现在请同学们一起来共同完成商标设计的训练吧！

请同学们3~5人为一个小组，共同调查并收集身边常见的品牌商标20~30个，将收集到的这些商标从包装上剪下来粘贴在下方的表格中，并讨论这些商标的色彩构成、设计理念、主要构成元素等，选出各自喜欢的商标样式，并向同学们分享自己喜欢的商标的特点，如它的色彩构成、设计理念、主要构成元素方面有什么不同于其他品牌的优点，并在课堂上进行分享。

第一步：小组成员一起调查收集日常生活中常见的商标，并将收集到的这些商标从包装袋上剪下来用胶水或者双面胶粘贴在下表中进行汇总。如果商标过大可以用彩色铅笔或者马克笔将其画在下表中。

常见商标图样（粘贴处）	商标所用色彩	色彩分析	商标设计理念	商标主要构成元素

第二步：下表为广州东华职业学院2022级的一些学生们设计的商标，请找出自己最喜欢的商标并说出原因。

公司名称	商标图样	喜欢原因
东华数媒工作室		
安安气球		
光源竞技公司		
GS手绘		

第三步：讨论让人印象深刻的商标要具备什么样的条件，并结合自己所想要创办的企业完成商标的设计。

拟创办企业名称	经营范围	商标图样	设计理念

第四步：根据自己和小组成员设计的商标完成课堂讨论，分享商标设计过程中需要注意的事项。

实训二

海报设计

同学们已经完成了商标设计的训练，下面我们共同完成海报设计的训练吧！3~5人为一个小组，并在日常生活中收集海报10~20个，将收集到的海报图片进行拍照并打印成彩色图片修剪、粘贴在下方表格中,也可以用彩色铅笔或者马克笔将其绘制在表格中。小组成员共同讨论完成以下问题。

1.你最喜欢的海报是什么海报?

2.你最喜欢的海报的主要色彩是什么?背景是什么颜色?文字主要是什么颜色?主要设计元素是什么?

3.你认为海报设计中需要注意哪些事项?

4.向组员分享自己日常所能看到海报的地点、海报的所属品牌,并分析这些海报具有什么样的作用?

5.讨论新企业创办是否需要设计海报作为营销方式,并说明原因。

具体步骤如下。

第一步:在日常生活中收集海报10~20个,将收集到的海报图片进行拍照并打印成彩色图片修剪、粘贴在下方表格中。分析海报中的主要色彩组成、空间构成、海报风格、主题构成、排版设计、创意等。

海报粘贴处	海报分析

第二步:通过分析优秀海报,设计自己的项目海报,并向小组成员分享自己海报的主要色彩组成、空间构成、海报风格、主题构成、排版设计、创意等。

创业海报设计	创意海报分析

实训三

创业计划书的设计

相信同学们已经完成了海报设计训练,下面我们来一起完成创业计划书的设计训练吧！还是3~5人作为一个小组，根据小组拟创办企业完成创业计划书的内容，并在课堂上以PPT的形式向其他同学展示小组的创业计划。

本章小结

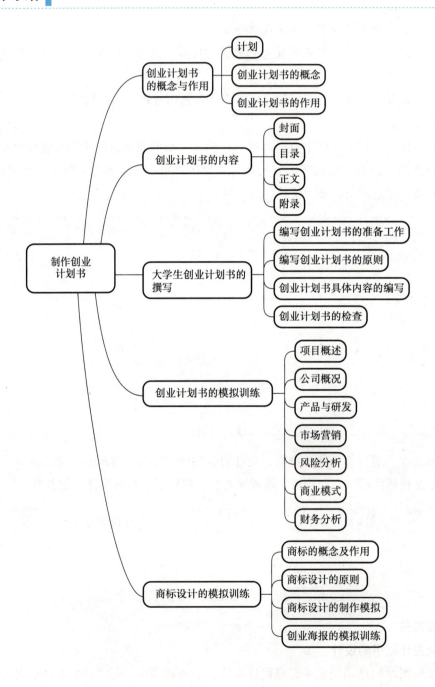

思考与练习

1. 你目前有写创业计划书的打算吗?为什么?
2. 从网上搜索三份创业计划书,并对其进行分析。
3. 以小组的方式组建创业团队,拟定一个感兴趣的创业项目,并根据本章所学内容为该项目编写创业计划书。

参考文献

[1] 孙德林.创新创业多样化人才培养模式研究:基于"本科教学工程""专业综合改革"视角[M].北京:科学出版社,2014.

[2] 倪峰.创新创业概论[M].2版.北京:高等教育出版社,2016.

[3] 刘志阳,林嵩,路江涌.创新创业基础[M].北京:机械工业出版社,2021.

[4] 孙洪义.创新创业基础[M].北京:机械工业出版社,2016.

[5] 张玉利,李政.创新时代的创业教育研究与实践[M].北京:现代教育出版社,2006.

[6] [英]查尔斯·汉普登-特纳.创新与创业教育[M].武晓哲,吴瑕,译.北京:商务印书馆,2017.

[7] 徐小洲.创业概论[M].北京:教育科学出版社,2017.

[8] 夏清华.创业管理[M].武汉:武汉大学出版社,2007.

[9] 李家华,张玉利,雷家骕.创业基础[M].2版.北京:清华大学出版社,2015.

[10] 黄继平,朱燕,周建波.创业基础[M].北京:高等教育出版社,2014.

[11] 杨雪梅,王文亮,张红玉,等.大学生创新创业教程[M].2版.北京:清华大学出版社,2021.

[12] 侯文华.大学生创新创业教育教程[M].北京:科学出版社,2012.

[13] 王冀宁,陈红喜,等.大学生创业创新的模式选择与牵引机制——基于200个大学生创业项目的典型案例研究[M].北京:经济管理出版社,2014.

[14] 木志荣.大学生创业教育和创业意向关系研究[M].北京:清华大学出版社,2016.

[15] 陈新亮.大学生创业教育研究[M].长沙:湖南人民出版社,2015.

[16] 付冬娟.大学生创业教育与实践(上册)[M].北京:高等教育出版社,2016.

[17] 赵建国,廖藏宜,许晓明.大学生创业影响因素及扶持政策研究[M].北京:经济科学出版社,2017.

[18] 谢敏,王积建,杨哲旗.大学生创业指数研究[M].北京:中国社会科学出版社,2013.

[19] 伍维根,钟玉泉,陈虎.大学生就业与创业教育教程[M].成都:西南交通大学出版社,2011.

[20] 冷天玖.大学生就业指导与创业教育的多维度研究[M].北京:清华大学出版社,2016.

[21] 范琳.高职院校创新创业教育研究[M].广州:世界图书出版广东有限公司,2016.

[22] 董锁平,杨耀海,潘长青.就业指导与创业教育[M].汕头:汕头大学出版社,2018.

[23] 李志永.日本高校创业教育[M].杭州:浙江教育出版社,2010.

[24] 闫小兵,高银玲.新时代大学生创业教育教程[M].北京:高等教育出版社,2023.

[25] 席升阳.我国大学创业教育的观念、理念与实践[M].北京:科学出版社,2008.

[26] 孙桂生,于苗.应用型大学"专创融合"理论与实践研究[M].北京:知识产权出版社,2020.

[27] 王占仁.中国创新创业教育史[M].北京:社会科学文献出版社,2016.

[28] 曹胜利,雷家骕.中国大学创新创业教育发展报告[M].沈阳:万卷出版公司,2009.

[29] 徐小洲,叶映华.中国高校创业教育[M].杭州:浙江教育出版社,2010.

[30] 吴光明.中国高职院校创新创业人才培养的理论与实践[M].大连:东北财经大学出版社,2016.

[31] 柴旭东,戚业国.基于隐性知识的大学创业教育研究[J].高等教育研究,2014(8):45.

[32] 陈朔."互联网+"背景下天津市普通高校大学生创新创业开展现状研究[D].天津:天津体育学院,2023.

[33] 仇存进.我国高校创新创业教育课程体系研究[J].江苏高教,2018(11):82-85.

[34] 谷力群.论大学生创业精神的培养[D].沈阳:辽宁大学,2013.

[35] 贺佳琪.创新创业教育与专业教育融合及对策研究[D].兰州:西北民族大学,2022.

[36] 金思瞻.广东省大学生创业政策文本分析(2003—2021年)[D].桂林:广西师范大学,2023.

[37] 居萌.高职院校创新创业教育与专业教育融合的实践与问题研究——以Y

高职院校为例[D].扬州:扬州大学,2021.

[38] 李建国,杨莉莉."双创"教育新模式的实践探索——以华中科技大学为例[J].中国高校科技,2019(10):55-58.

[39] 李敬聪.互联网金融对大学生创新创业意愿影响分析[D].济南:山东大学,2023.

[40] 李萌.高校创业教育对大学生生涯适应力的影响研究[D].太原:山西财经大学,2023.

[41] 李兴光.创新创业教育对大学生创业意向的影响机制与路径研究[D].北京:对外经济贸易大学,2021.

[42] 刘淼.思想政治教育引领大学生创新创业教育发展研究[D].景德镇:景德镇陶瓷大学,2022.

[43] 刘相.产教融合视角下大学生创新创业与实践核心能力培养模式探析[J].四川建筑,2023(6):284-287.

[44] 卢焕洵,骆美美,王昶.基于"双高"背景下的高职珠宝首饰专业群建设的探索与实践——以广州番禺职业技术学院珠宝首饰技术与管理专业群为例[J].中国宝玉石,2023(1):56-61.

[45] 罗琳.互联网+背景下大学生"专业、创新、创业"能力培养模式研究[J].高教学刊,2018(22):41-44.

[46] 马永霞,孟尚尚.高质量发展背景下创新创业教育质量提升路径研究——基于50所高校的模糊集定性比较分析[J].高教探索,2022(2):13-21.

[47] 马永霞,王琳.人工智能时代的创新创业教育:价值旨归、变革逻辑与实践路径[J].清华大学教育研究,2023(6):120-129.

[48] 梅伟惠.美国高校创业教育[M].杭州:浙江教育出版社,2010.

[49] 彭刚.高职院校创业教育对大学生创业行为的影响研究[D].南昌:江西财经大学,2022.

[50] 齐平,宋威辉.数字化转型、创新发展与制造业价值链高质量发展[J].广东财经大学学报,2024(1):1-15.

[51] 芮国星.信息时代高校创业教育体系研究[D].西安:陕西师范大学,2014.

[52] 石丽,李吉桢.高校创新创业教育:内涵、困境与路径优化[J].黑龙江高教研究,2021(2):100-104.

[53] 宋妍.高校创新创业教育与思想政治教育关系研究[D].长春:东北师范大学,2018.

[54] 王洪才,郑雅倩.创新创业教育的哲学假设与实践意蕴[J].高校教育管理,2020(6):34-40.

[55] 王洪才.创新创业教育:中国特色的高等教育发展理念[J].南京师大学报(社会科学版),2021(6):38-46.

[56] 王鹏.高校创业教育生态系统构建研究[D].哈尔滨:哈尔滨师范大学,2019.

[57] 王晓静,樊蕊,王赛,等.大学生创业现状调查及能力提升策略[J].创新与创业教育,2020(6):128-132.

[58] 武沁宇.我国高校大学生就业教育研究[D].长春:吉林大学,2014.

[59] 许春蕾.高校创新创业教育与思想政治教育融合发展的路径研究[J].知识窗(教师版),2023(12):66-68.

[60] 严桥桥.创业教育对大学生创业意向的影响研究[D].武汉:华中师范大学,2015.

[61] 詹泽慧,季瑜,梅虎,等.打开创新人才培养的"黑箱":创新性问题解决的过程模型与技术赋能[J].现代远程教育研究,2023(5):75-85,103.

[62] 张红.高职院校"双创"教育现状及对策研究[D].石家庄:河北师范大学,2020.

[63] 张静,任凤琴.新时代高校思政教育与创新创业教育学科融合发展探析[J].南宁职业技术学院学报,2023(1):7-11.

[64] 张蓉.推动高等职业教育创新发展的路径探析[J].教育评论,2016(4):49-52.

[65] 张学亮."双创"视阈下大学生就业教育研究[D].重庆:西南大学,2018.

[66] 张月朗,江懿文,张模蕴."双循环"创新创业教育体系构建与实施路径研究[J].教育教学论坛,2023(51):29-32.

[67] 赵雪萍.高职院校创新创业教育与专业教育融合的策略研究[D].桂林:广西师范大学,2023.

[68] 周科朝,魏秋平,蔡圳阳,等."互联网+"背景下材料学科大学生创新创业教育模式探究[J].高教学刊,2024(1):61-64.